U0608220

"十四五"时期 江西旅游强省 建设研究

RESEARCH ON THE CONSTRUCTION OF JIANGXI TOURISM STRONG PROVINCE DURING THE "14TH FIVE-YEAR PLAN"

季凯文 ◎ 等著

经济管理出版社
ECONOMY & MANAGEMENT PUBLISHING HOUSE

图书在版编目（CIP）数据

"十四五"时期江西旅游强省建设研究/季凯文等著．—北京：经济管理出版社，
2020.10

ISBN 978 - 7 - 5096 - 7399 - 7

I.①十⋯　II.①季⋯　III.①地方旅游业—旅游业发展—研究—江西　IV.①F592.756

中国版本图书馆 CIP 数据核字（2020）第 158084 号

组稿编辑：杜　菲
责任编辑：杜　菲
责任印制：黄章平
责任校对：陈晓霞

出版发行：经济管理出版社
　　　　　（北京市海淀区北蜂窝 8 号中雅大厦 A 座 11 层　100038）
网　　　址：www.E - mp.com.cn
电　　　话：（010）51915602
印　　　刷：北京晨旭印刷厂
经　　　销：新华书店
开　　　本：720mm×1000mm/16
印　　　张：13
字　　　数：223 千字
版　　　次：2020 年 10 月第 1 版　　2020 年 10 月第 1 次印刷
书　　　号：ISBN 978 - 7 - 5096 - 7399 - 7
定　　　价：78.00 元

· 版权所有　翻印必究 ·

凡购本社图书，如有印装错误，由本社读者服务部负责调换。
联系地址：北京阜外月坛北小街 2 号
电话：（010）68022974　　邮编：100836

前　言

　　随着经济发展方式的逐步转变和大众消费的转型升级，旅游业已上升为国家的支柱性产业，各旅游产业大省纷纷将旅游强省建设作为地区经济发展的战略目标。江西拥有丰富的旅游资源，但旅游产业大而不强，未能发挥其全部潜在优势，江西要建设旅游强省尚面临着诸多困境。本书结合《国务院关于促进旅游业改革发展的若干意见》、《江西省旅游产业高质量发展三年行动计划（2019－2021年)》，全面把握旅游强省建设的内涵要求与时代意义，深入剖析"十三五"江西旅游强省建设的经验举措、主要成效及问题，科学研判"十四五"江西旅游强省建设面临的内外部形势，并对现阶段江西旅游业的发展进行科学评价，以及借鉴国内其他省份经验举措。研究提出"十四五"时期江西旅游强省建设的总体思路、主要目标、战略任务、空间布局及重点工程，系统提出"十四五"江西推进旅游强省建设的政策建议。具体而言，本书的章节内容如下：

　　第一章，旅游强省建设的内涵要求和时代意义。结合旅游业发展实际情况，为江西旅游强省建设赋予了特定的内涵要求与时代意义。提出江西旅游强省建设的内在要求是体系完善，重要支撑是主体强劲，关键手段是队伍精良，有力保障是机制健全，根本目标是高质量发展，具体表现为规模能力强、供给能力强、带动能力强、融合能力强和管理能力强五个方面。在此基础上，阐述了江西旅游强省建设的时代意义。

　　第二章，"十三五"江西旅游强省建设的经验举措、主要成效及存在的主要问题。从坚持综合改革、持续加大宣传、深化市场主导、抓好集群发展、强化区域合作、专注人才培养六个方面指出了"十三五"江西旅游强省建设的经验举措。从整体供需、景区质量、品牌影响力、基础设施投资等方面梳理了"十三五"江西旅游强省建设的主要成效。从旅游资源开发程度、产业创新拓展能力、市场管理职能、旅游公共服务能力、旅游市场消费能力等方面剖析了江西旅游强省建设存在的主要问题。

第三章,"十四五"江西旅游强省建设面临的内外部形势。立足国际、国内和省内三个视角,逐一阐述了"十四五"江西旅游强省建设面临的内外部形势。从国际看,旅游经济全面快速增长,旅游市场进一步细化分化,旅游方式更为灵活多变,"绿色旅游"成为新动向。从国内看,经济"新常态"凸显旅游业战略地位,供给侧结构性改革将激发旅游市场活力,大众旅游时代国民消费需求更加旺盛,出境游市场不断扩大,乡村旅游市场潜力巨大。从省内看,省委省政府牢牢把握旅游强省战略不动摇,从旅游业的战略部署、融合发展、品牌创建、改革创新、对外开放等方面大力推进旅游强省建设。

第四章,江西旅游强省建设水平评价。立足江西旅游业现有基础和特色,遵循系统性、科学性及数据可获取性等原则,构建了包含4个一级指标、20个二级指标的评价指标体系,为尽量减少权重确定过程中主观因素的干扰,采用熵值法对各项指标进行赋权,在此基础上通过加权求和法从产业基础、综合效益、生态条件和社会环境四个方面对江西11个地级市旅游业发展水平进行综合测度。

第五章,中国航空与旅游产业的耦合协调度测算及其空间效应分析。从内部机制和外部动力两方面来说明航空与旅游产业的耦合协调发展作用机理,以中国31个省级行政区航空与旅游产业耦合协调发展为研究对象,基于2017年截面数据,按照耦合协调度模型的计算步骤得出2017年全国31个省级行政区的航空与旅游产业发展水平和耦合协调度数值,再将航空与旅游产业融合发展的耦合协调度数值作为观测指标,采用探索性空间数据分析(ESDA),运用Arcgis10.3和Geoda软件对航空与旅游产业融合发展的耦合协调程度进行分析。

第六章,中国民航客运对入境旅游流影响的异质性及空间效应。以中国 31 个省级行政区 2008~2017 年的民航客运量和入境旅游人次为主要数据样本,分析民航客运与入境旅游流的时空关联特征,为后续的空间自相关检验和空间面板计量模型设定奠定基础。在此基础上,使用 Geoda 软件进一步分析 2008~2017 年中国 31 个省级行政区入境旅游流的全局自相关和局部自相关,为构建空间面板计量模型提供依据。以总入境旅游流为被解释变量估计具有空间固定效应的空间滞后模型,同时为深入分析民航客运对入境旅游流影响的异质性,还分别估计了民航客运对外国入境旅游流和港澳台入境旅游流影响的空间面板计量模型。

第七章,其他省份推进旅游强省建设的典型经验。梳理了东部、中部和西部省份推进旅游强省建设的典型经验,总结了广东以文旅融合开创旅游强省新局面、江苏智慧旅游融入公共服务、浙江实施递进式全域深度体验、海南旅游点线面全域协调发展、湖北推动旅游城镇建设、湖南着力打造黄金旅游带、四川建设全国全域旅游示范区、陕西"轨道 + 旅游"融合互动模式、贵州做足山地旅游文章、云南打通沿边客源市场等省份的具体举措,为"十四五"江西旅游强省建设提供经验借鉴。

第八章,"十四五"江西旅游强省建设的总体思路、主要目标和战略任务。围绕江西省委、省政府建设旅游强省的战略部署,科学提出"十四五"江西旅游强省建设的总体思路。同时,聚焦以创新为动力、以协调为杠杆、以绿色为主题、以开放为手段、以共享为目的的基本思路,提出了"十四五"江西旅游强省建设的四大目标:旅游规模更大、综合效益更高、品牌实力更响、发展活力更强。另外,还提出将实施以产品质量为引领、以环境优化为牵引、以市场开拓为抓手、以整合资源为关键作为"十四五"江西旅游强省建设的战略任务。

第九章,"十四五"江西旅游强省建设的空间布局和重点工程。综合考量江西旅游资源分布特点、产品主题特色和区域旅游发展现状与走向,改变过去以景区为主的旅游发展思路,注重旅游增长极的建设,推动形成"一圈三区三带五中心"旅游空间格局。"一圈",即环鄱阳湖生态旅游圈;"三区",即赣南等原中央苏区红色旅游集聚区,赣西休闲康养旅游集聚区，赣东北世界遗产旅游集聚区；"三带"，即依托赣江打造千里赣江风光带，依托沪昆、京九等高铁打造高铁旅游风光带，依托"四纵六横"高速公路网打造自驾休闲旅游风光带；"五中心"，即景德镇世界陶瓷文化旅游中心，鹰潭道文化旅游中心，赣州客家文化旅游中心，宜春禅宗文化旅游中心，抚州戏曲文化旅游中心。在此基础上，提出"十四五"江西旅游强省建设的五大工程，即"精品打造"工程、"业态融合"工程、"服务提升"工程、"形象推广"工程和"消费升级"工程。

第十章，"十四五"江西旅游强省建设的政策建议。具体包括：一是深入挖掘和有效整合旅游资源，推动旅游业量增质升。以重大项目带动旅游资源开发，依托山旅游和水旅游两条主线，探索由山向水转型的发展新模式，推动城际旅游一体化升级，建立旅游资源开发考核评价体系。二是推动多业态融合发展，提升旅游业整体竞争力。推动生态、文化、旅游"三位一体"深度融合，加快传统节日与营销的融合，强化空白点与传统景区的融合，注重品牌与产品的融合。三是加快航空与旅游联动发展，增强旅游业对外辐射力。进一步统筹谋划和推进航空与旅游的有机融合及联动发展，引导昌北国际机场与航空公司、旅行社等单位要进一步整合资源、联合营销、创新合作，推出一批有特色的航空产品和票价政策，大力开拓入境旅游市场。四是协调发展好各旅游要素，强化旅游业多点多极支撑。完善旅游接待主体市场，构建便捷、高效的综合交通运输体系，推动特色旅游餐饮建设，健全旅游购物体系。五是全面提升旅游业管理水平，打造游客满意品牌。建立旅游示范典型，健全完善旅游标准体系，加强旅游行业管理，推进旅游智能化管理，加强消费者权益保护。六是创新旅游业融资方式，做大做强旅游龙头企业。以资本和股权为纽带做大做强旅游集团，以产业基金撬动优质民间资本共同开发旅游资源，旅游企业上市融资，创新旅游融资工具。七是完善旅游业发展机制，激发旅游业发展活力。进一步加快主要旅游景区管理体制改革，推进规划落地与改革，完善旅游市场融资机制，推行人才兴旅战略。

本书的总体策划工作由季凯文负责，具体研究方案由季凯文制定。总报告的撰写由季凯文拟定写作框架并进行总指导，由季凯文、齐江波、王旭伟共同执笔完成。其中，齐江波负责第一章、第二章、第三章、第四章、第五章、第八章的撰写（共计6万余字），王旭伟负责第六章、第七章、第九章和第十章的撰写（共计3万余字）。专题一、专题二由季凯文负责，专题三由李鹏飞、季凯文、曹国新负责，专题四由季凯文、王旭伟、齐江波负责。全书最后由季凯文负责统稿和修改总纂。本书的顺利完成与整个研究团队的辛勤努力密不可分，正是由于课题组成员之间的团结合作、密切配合才保证了本书的顺利出版。在具体撰写过程中，还借鉴吸收了大量前人的研究成果，在此对所有作者表示衷心的感谢。由于时间紧凑，本书只是以江西为案例，从实践方面对旅游强省建设进行了初步探索，还有很多问题值得深入研究，在今后的研究中课题组将不断加以改进和完善，也恳请同行专家学者提出宝贵意见。

目　录

第一章
旅游强省建设的内涵要求和时代意义

　　旅游业是关系经济、社会、环境协调发展的一个重要产业部门。当今世界的旅游业，无论在国家经济总量还是吸纳就业、提供税收和保护环境等方面都占据重要地位。旅游业方兴未艾，发展前景广阔。我国旅游业也在加速发展，不仅取得了可观的经济社会效益，而且为扩大开放、促进改革和拉动经济发展发挥了重要作用。同时，我国不少省份在编制"十四五"规划时对发展旅游业予以高度重视。江西旅游资源比较优势明显，客源市场巨大，"十四五"时期是江西旅游业由大变强的机遇期、全面转型升级的关键期、深化改革创新的攻坚期和建设旅游强省的决战期。我们应该抓住有利时机，大力发展旅游业，谋划好这个阶段旅游发展思路、战略任务、空间布局和重大工程，把旅游业培育成为江西绿色崛起的战略性重要支柱产业和全面小康社会的标志性现代幸福产业，使之成为全省国民经济的重要增长点。

　　当前，国内市场需求、要素保障、发展环境等都发生了深刻变化，发展方式正从规模粗放型增长转向质量集约型增长，结构调整正从以增量扩能为主转向存量与增量并存的深度调整，发展动力正从传统增长点转向新的增长点。因此，在新形势新任务下，旅游强省建设具有以下特定的内涵要求与时代意义：

一、旅游强省建设的基本内涵

(一) 旅游强省建设的内在要求是产业体系完善

行、游、住、食、购、娱构成了旅游业的六大产业要素,各要素的发育程度与要素之间的结构关系是衡量旅游产业发展水平高低的重要依据。产业结构完善是指产业要素齐全、结构合理、整体水平较高。我国旅游业正处于产业体系全面建设的阶段,对于江西的旅游产业而言,其特征是"整体尚可,短板仍在",发展空间仍然很大。随着社会发展水平的不断提高,游客的各方面旅游需求在不断推出,且要求不断提高,旅游产业的相关要素的供给能力也要与之相配。以旅游产业中常见的要素"游"为例,江西的优势主要在观光资源,旅游产品也以观光景区为主,2018 年江西 A 级旅游景区景点 256 家,正是依靠众多的旅游观光产品才使江西成为全国旅游大省。但是随着大众旅游时代的到来,人们的旅游需求正在加速转变,不再满足于简单的观光体验,而追求更加丰富的休闲度假体验。然而当前我国旅游产业的住、食、购、娱等要素的发展水平严重不足,远远满足不了大众的休闲需求,须尽快加以补足和发展。

(二) 旅游强省建设的重要支撑是主体力量强劲

众多的旅游企业构成了旅游产业的主体,是推动旅游产业实现集群发展、完善体系、高质量发展的重要基础。可以说,一个地区的旅游企业的发展水平决定了该地区旅游业的发展水平。进一步说,旅游强省最关键的是要强旅游企业,旅游强省建设主要是靠旅游企业,必须把旅游企业的发展放在旅游强省建设的中心位置。旅游业的高质量发展需要政府部门统一组织和协调，营造良好的旅游发展环境，更需要旅游企业发挥主体作用，精于管理，勇于突破，善于创造。

（三）旅游强省建设的有力手段是职业队伍精良

从事旅游景区开发、项目管理、组织运营、服务游客、专业培训等工作的劳动群体构成了旅游产业的职业队伍。由于江西旅游业起步晚，发展快，绝大多数从业人员是转行过来的，受教育程度低、受训比例小、专业化基础差，总体上是一支杂牌军，不是一支正规军，更不是精兵强将。而从业人员的专业素质能力又在很大程度上决定了旅游业的服务质量和管理水平。如果从业人员没有进行现代化和专业化的培训，就不可能将旅游业建设成一个高水平的现代服务业。所以必须把专业人员培养作为建设旅游强省的关键环节，从教育政策、职业培训、行业标准、制度法规等方面加大建设力度，让旅游人才培养实现跨越式的进步。

（四）旅游强省建设的关键保障是内在机制健全

是否具备产业良好的发展政策环境、社会条件、法律法规、公共服务等是评价地区产业机制健全的重要标准。旅游业对于我国来说，仍然处于一个爬升阶段，其政策环境和职能机构建设还不健全，相关法律法规仍未出台。建设旅游强省，江西要进一步展开先试先行的工作，大刀阔斧地进行改革，建立健全产业机制，规范行业标准，完善公共配套服务，继续推进"最后一公里"的建设，大力激发旅游市场活力。同时不断学习发达国家先进经验，使行业标准与国际接轨，为江西推进旅游强省建设提供坚实有力的支撑。

（五）旅游强省建设的根本目标是高质量发展

党的十九大作出了我国经济已由高速增长阶段转向高质量发展阶段的重大判断，经济发展迈入了新常态。旅游业高质量发展是我国经济高质量发展的重要组成部分，面对新的时代背景，江西推进旅游强省建设已经由强调增长速度转变为追求速度、质量、效益、生态的统一，更加注重对旅游资源的可持续开发与保护；由强调做大总量转变为做大总量和优化结构的统一。真正做到由"大"到"强"的转变。

二、旅游强省建设的具体要求

（一）规模能力强

旅游强省建设要求旅游业规模要足够大、足够强，足够成为一个地区的支柱产业。为此要坚持总量集聚与结构升级并举，聚焦做大做优做强旅游业，壮大产业总量，优化产业质态，提升产业层次，促进产业升级，全面提升产业能级，夯实江西旅游业高质量发展基础。将旅游资源优势转化为产业优势、发展优势和经济优势，壮大产业规模，大幅提高旅游综合收入，增强在全国旅游业中的竞争力。

（二）供给能力强

建设旅游强省既要求旅游供给数量充足，更要求结构合理。大众旅游时代的到来，游客对高品质旅游产品的需求不断增加，更加促使我们对旅游品牌的打造。应充分利用自身资源优势，将其转化为产品优势，打造数量充足、品种丰富的特色旅游产品。建设旅游强省也要注重区域间的平衡发展、结构合理，政府要合理调配资源、协调区域间的合作，丰富旅游产品供给渠道，加快培育全域旅游产品供给体系。

（三）带动能力强

建设旅游强省不仅要求旅游业能够快速发展，同时还要求能够带动其他产业的发展，对社会经济的发展起到重要的推动作用。在旅游强省建设中，要积极推动旅游业与其他产业的互动融合，充分发挥旅游业的带动作用，大力提升地区生产总值增长的趋势。此外还要积极发挥旅游业的富民作用，通过开发和引导贫困地区的旅游业发展，鼓励和吸引当地居民来就业，从而增加收入，提升旅游业在生态扶贫中的经济职能。

（四）融合能力强

建设旅游强省不是闭门造车，一方面要加强与周边省市的交流合作，在一定区域范围内，形成高度融合的旅游经济圈。另一方面要面向主要客源市场，打造畅通的开放口岸和便捷的入境通道，建成全方位开放的旅游目的地。建设旅游强省不仅要提高旅游业与其他产业的互动融合，也要扩大开放水平，积极融入国家发展战略、加强区域合作，营造互利互惠的开放大环境。

（五）管理能力强

建设旅游强省要求旅游发展的政策环境、社会环境、人文条件、生态条件处于良好的状态，在区域范围内享有较高的美誉。为此建设旅游强省要持续深化旅游管理机制改革，建立适应时代发展需求、覆盖全面的管理体制，并建立相配套的综合管理和执法体系。与此同时，政府应该对旅游景区进行科学规划，采取景区限流和预约旅游，促进景区的可持续发展。

三、旅游强省建设的时代意义

（一）建设旅游强省是实现高质量发展、增强江西综合经济实力的必然选择

近年来，为抢占新一轮产业变革重大机遇，江西省委省政府作出了实

施旅游强省战略的重大决策。全省牢固树立"创新、协调、绿色、开放、共享"五大发展理念,以"发展升级、小康提速、绿色崛起、实干兴赣"为工作方针,以高质量跨越式发展为工作要求,坚持做大总量和提升质量相统一、政府引导和市场主体相结合的两大原则,加快实施旅游强省战略,推动旅游持续升级。2018 年,全省旅游总收入达到 8145.1 亿元,主要经济指标增速稳居全国"第一方阵",但经济总量小、人均水平低、经济欠发达仍是江西的基本省情,发展不足仍是"十四五"时期江西面临的主要矛盾。旅游业是现代服务业的重要组成部分,其具有融合水平高、覆盖范围广、产业链条长、带动能力强等优势,在全省经济结构中有着举足轻重的作用,是调整经济结构,转变发展方式的重要着力点。旅游业作为江西经济发展的重要驱动力、财政收入的主要来源和就业增长的重要途径,其地位和作用将日益突出,并在今后相当长的时期内对江西经济发展将起到重要的推动作用。必须坚持把旅游业作为产业结构调整的重头戏,加快把旅游资源优势转化为产业优势和经济强势,促进旅游业提质增效,不断提升产业竞争力和综合收益。毫不动摇地坚持实施旅游强省战略,加快旅游业发展步伐,是江西今后一个较长时期内的战略选择。

(二)建设旅游强省是江西加快转型升级、推动绿色崛起的重大举措

党的十九大将建设生态文明提升为国家战略,其高度前所未有。作为生态资源丰富的江西,更要将生态环境保护作为一项基础性、底线性工作。江西依靠拼资源、拼总量、拼规模、拼速度的老路已然行不通,必须加快所有产业的转型升级。旅游业一直以来都被认为是绿色产业,污染小,经济附加值高,是带动能力强、成长速度快、发展潜力巨大的朝阳产业。进入 21 世纪,旅游业迅速地超过其他产业,增长为全球最大规模产业,占据各个国家国民生产总值的相当大一部分。我国已经进入大众旅游时代,旅游消费呈现出爆发式递增的态势,旅游的需求也日益丰富,未来

在国民经济中的作用将更加重要。江西旅游资源丰富,发展旅游业具有先天优势。进入新时代,在高质量发展和建设生态文明的双重指引下,加快旅游强省建设,对于江西构建生态产业体系、推动绿色发展崛起具有重要的支撑作用。

(三) 建设旅游强省是江西深化供给侧结构性改革、培育经济发展新动能的有效行动

旅游业是第三产业的重要战场,是供给侧结构性改革的重要领域,也是江西实现高质量跨越式发展的关键支撑。习近平总书记明确指出,推动供给侧结构性改革,要在"破"和"立"上同时发力。"破""立"并举,破是前提,主要就在破除落后的无效供给,彻底摒弃以投资和要素投入为主导的老路,为有效的、中高端供给和新动能发展创造条件、留出空间。江西旅游购物消费在旅游总收入的比值并未随着旅游总收入的逐年增长而增长,可以看出旅游产品的供给侧存在问题。"十四五"时期,全省旅游业应在巩固既有旅游产品的基础上,积极运用市场化手段,推动旅游产品结构性转变。同时,"破""立"并举,立是重点,就是要加快旅游业改造升级,加快发展旅游与其他产业融合新业态,增强经济发展新动能。江西推进旅游强省建设,就是在破旧立新中推动经济发展质量变革、效率变革、动力变革,培育形成经济发展新动能。

(四) 建设旅游强省是江西决胜全面建成小康社会、打好脱贫攻坚战的重要支撑

富民强省离不开坚实的经济基础,特别是旅游业发展和旅游强省建设的支撑。江西一直以来都是我国重要的农业大省,党的十九大以来,乡村振兴和旅游扶贫频频成为热词,对于江西而言,更要抓住这次机会,大力发展乡村旅游。旅游业由于强大的带动作用对乡村振兴起着越来越大的作用,在全面建成小康社会之际,要把发展乡村旅游作为实施乡村振兴战略、推进脱贫攻坚的一项重要举措。"十四五"时期,面对新形势、新任

务，必须以旅游业为突破口，全力实施旅游强省战略，推动旅游业发展质量变革、效率变革、动力变革，切实提升旅游业的整体水平和综合竞争力，不断满足消费者多样化的价值追求，让人民过上更加富裕幸福的现代化生活。

第二章

"十三五"江西旅游强省建设的经验举措、主要成效及存在的主要问题

一、"十三五"江西旅游强省建设的经验举措

（一）坚持综合改革

江西省委明确提出加快推进旅游强省建设，打造美丽中国的"江西样板"。先后出台《关于推进旅游强省建设的意见》和《关于全面推进全域旅游的发展意见》，从土地利用政策、金融财政扶持、税费优惠政策、消费鼓励政策等方面促进旅游业持续向好发展。同时明确各级党委、政府是旅游强省建设的责任主体，省直涉旅部门是重要责任单位，形成全省上下联动、部门齐抓共管、区域协调并进的工作格局。此外，坚持旅游综合改革，将机构职能转变作为改革的关键，赋予省政府旅游管理部门战略规划、产业政策、综合协调、市场培育、公共服务、行业监管等方面职能。基于旅游产业涉及部门多、涉及面广这一特征，建立了由省发展改革委、财政、交通运输、国土资源、住房城乡建设、文化六个部门分管领导兼任旅发委兼职委员的制度。

（二）持续加大宣传

在全国首创推出"江西风景独好"旅游特卖会全新营销模式，让利热卖旅游线路和产品，实现了旅游品牌推广与旅游产品营销的结合；提出"江西风景独好"宣传口号，创作"江西风景独好"主题歌，组织编写"江西风景独好"旅游文化系列丛书，出版"江西风景独好"旅游画册和光盘，制作完善新版"江西风景独好"旅游形象广告片，在央视和覆盖北京等 21 个城市 CCTV 移动传媒循环播放，不断提升"江西风景独好"品牌影响力；利用主流、地方媒体，依托电视、收音机、公交车、出租车、报纸、广播、网络等多种平台，对南昌国际军乐节、赣州龙南旅游文化节、鄱阳湖中华龙舟大赛、新余仙女湖七夕节系列活动、武功山帐篷节等一系列文化创意活动进行持续宣传；出版《旅游画刊》，组织开展"全国主流媒体走赣鄱"、"全国网络媒体江西行"、"全国交通广播记者走进江西"、"外媒看江西"等大型采访报道活动，大力宣传江西旅游。

（三）深化市场主导

"十三五"时期，江西企业持续发力，作为江西规模最大、涵盖业务范围最广的江西旅游集团继续发挥行业领头羊的作用，逐步构建盘活资产、整合资源、开发建设三大平台，调动各方积极性，加速成为引领江西旅游快速发展的"航母"和旅游类上市公司的"孵化池"。吸引到的社会资本越来越多，其中民营企业占据绝大部分，万达、绿地、恒茂集团、铜锣湾、新恒基等国内知名企业，江铜集团、江西高速集团、江钨集团、南昌市政集团等省内大企业纷纷看好江西旅游，大手笔投资度假休闲旅游项目，积极参与旅游综合服务体系和商业服务体系建设。旅游新业态也在政府领导下纷纷涌现出来，如赣州依托丰富的红色文化，积极打造出一批红色和旅游融合发展的景区；赣西地区利用丰富的山地资源，正在成为著名的康养圣地。全省旅游业正不断地开拓着新领域。

（四）抓好集群建设

将旅游首次与工业、农业和物流一同纳入四大集群板块，高度重视旅游业的集群化发展。围绕代表江西特色的"3461"景区，在全省范围内重点打造35个旅游产业集群，用集群的思维和方式发展旅游业。研究制定了《关于加强旅游重产业集群管理工作的通知》，明确了"八个一"的产业集群管理制度，着重培养具有全国影响力的旅游产业集群。继续完善基础设施建设，围绕"一路三道五中心"展开工作。"一路"就是高速公路到旅游景区的旅游公路。"三道"是索道、栈道、游步道，使景区的所有景点可以全部连接起来。"五个中心"指为提供智慧旅游和信息服务的游客中心、提供饮食和住宿服务的食宿中心、晚间提供休闲娱乐的演艺中心、满足商品购物需求的购物中心以及提供多层次多角度观赏平台的观景中心。

（五）强化区域合作

由于各个区域的旅游资源具有差异性，所以江西大力推进旅游景区之间的相互合作，实行景区抱团，联合向外进行宣传。而其中做得最好的就是清婺景旅游线路。三清山、婺源、景德镇这三个地方都拥有独一无二的资源禀赋，旅游景区都各具优势，但是存在季节性旅游淡旺季差别，具有很强的互补性，而且三地又相邻，之间有高速公路相连，交通便捷，游客可自行驾车在一小时内到达任何一个地方，景点类型涵盖名山、名村和名镇，内容丰富多样，可以满足多种需求和体验。江西在跨省域合作方面也不遗余力，积极参与创建浙皖闽赣四省国家东部生态旅游实验区，充分利用四省相邻、交通便利、资源互补等条件，建立统一的政策推进平台、规划实施平台、生态保护平台、便捷交通网络、宣传营销网络、标准化服务网络。共同完善四省交界地区的交通设施，在景区线路上研究涵盖两地以上景区的精品线路，推行区域景区联票，联合组团在全国进行宣传营销，大力吸引区域外的游客，打造国家东部生态屏障、国际一流的旅游目的地、山区生态富民示范区、多省合作交流机制创新示范区。

（六）专注人才培养

面向旅游行政管理人员与旅游企业经营管理人员，江西分级分类开展了专项培训。为培养乡村旅游技能人员，开展全省乡村旅游管理人才"百县千人"培训计划，培训计划围绕乡村旅游发展对策、产品设计、品牌创建、市场营销、智慧旅游、旅游管理等内容展开。2015年11月，江西省旅发委在鹰潭主办了旅游强省建设专题培训班，做到了突破性的创新。针对全省导游人员，江西省旅发委统一编制了培训教材，抓实导游年审培训，并积极举办导游员大赛，实行赛训结合，以赛带训，推出一批"导游之星"技术能手。举办全省智慧景区建设专题培训研讨班，围绕智慧景区的标准、架构、模式、票务及电商平台搭建等方面，对全省重点景区相关技术人员进行培训。来自江西师范大学、江西科技师范大学、赣南师范大学的金牌讲解班以服务全省旅游产业大发展为目标，在优秀生源选拔、培养方案优化、教学条件建设、教学团队打造等多方面进行了改革探索，开创了政府、高校、行业、企业协同培养旅游人才的新模式，形成了江西旅游人才培养的金字招牌。

二、"十三五"江西旅游强省建设的主要成效

（一）整体保持供需两旺态势

"十三五"时期，江西紧紧围绕"全国重要、国际知名的旅游目的地"总体定位，以"转型升级、提质增效"为主线，通过全面快速协调和可持续发展，高度重视旅游，高位推动旅游发展，旅游市场呈现出强劲的发展

势头，旅游总收入、旅游接待人数持续保持两位数的增长，并成功跻身全国"第一方阵"。2018年，全省实现旅游总收入8145.1亿元，晋位至全国第九，相对于2015年实现年均增长30.8%，其中国际旅游外汇收入实现年均增长9.6%。旅游接待总人数达6.9亿人次，晋位至全国第十，相对于2015年实现年均增长22.0%，其中入境旅游者实现年均增长5.3%。

（二）旅游景区质量提升步伐加快

自"十三五"时期以来，江西不断打破行政区划限制，着力强化旅游目的地体系建设，大力推进重点景区服务质量提升工程，构建了"一核三片五城十县百区"旅游目的地体系和"三线八圈"旅游线路框架体系，旅游景区服务质量显著改善，"百花齐放、百景争艳"的景区供给格局正在形成。截至2018年底，江西拥有井冈山、庐山、三清山、龙虎山、龟峰、抚州大觉山景区、婺源江湾、滕王阁、景德镇古窑、瑞金"共和国摇篮"、明月山旅游区11个5A级旅游景区，拥有广丰铜钹山景区、乐安流坑景区、婺源篁岭等4A级景区151家，3A级景区82家，5A级乡村旅游点15个，4A级乡村旅游点138个，形成了以5A旅游景区为带动、4A级3A级旅游景区为主体、乡村旅游为特色的景区供给结构。

（三）"江西风景独好"特色品牌影响力不断扩大

随着旅游强省战略的深入推进，旅游资源集聚放大效应得到有效发挥，"江西风景独好"品牌知名度不断提升。截至2018年底，江西拥有景德镇市、南昌市、赣州市、瑞金市4座国家历史文化名城，第一批至第七批全国重点文物保护单位128处，不可移动文物有3万多处、居全国前十位，国家级非物质文化遗产代表性项目70项、省级560项，国家级非物质文化遗产生产性保护示范基地4个、省级20个。建有自然保护区190个，其中国家级自然保护区16个；4处世界遗产，6处国家遗产、名列全国第一；12处世界地质公园，1处国际重要湿地，5处国家湿地公园、省级湿地公园38处，国家级风景名胜区14家，数量位列全国第三。2018

年,"江西风景独好"微信公众号的传播影响力位列省级文旅厅官微前列,"江西龙虎山景区"、"三清山旅游"、"上饶旅游"等微信公众号长期占据国内排名榜首。

(四)旅游基础设施投资建设力度空前

"十三五"以来,江西的交通条件和旅游基础设施建设力度不断加大,"一横两纵"的铁路架构、"五纵五横"铁路网正在逐步完善,所有出省通道全部高速化、基本形成省外 8 小时和省内 4 小时的高速交通网络,以南昌国际航空港为龙头的"一干七支"机场布局正逐步形成,旅游基础设施体系日渐完备。将旅游厕所革命作为"一号工程",积极推进"一路三道七中心"配套设施工程建设,不断加大旅游配套投资力度。截至 2018 年底,新建、改扩建 3000 座旅游厕所,在建或建成的景区索道有 15 条,建成景区栈道 25000 米。

三、"十三五"江西旅游强省建设存在的主要问题

(一)旅游资源开发程度有待进一步挖掘

江西旅游资源种类全、数量多。但是,旅游资源整体开发层次不高,缺乏内涵挖掘与深度开发,精品化程度和品牌影响力明显不足。即使是庐山、井冈山、三清山、龙虎山、明月山、婺源、武功山等成熟型景区也过于注重自然景观的开发,仅明月山温汤旅游度假区入选国家级旅游度假区。从人民网舆情监测室、酷旅联合发布的"2018 年中国旅游目的地品牌声誉指数排行榜"看,江西位列全国第二十七位,而广东、山东、浙江、江苏分别位列前四位,四川位列第十位;从人民网舆情数据中心发布的

"2018年全国5A级旅游景区品牌影响力排行榜TOP50"看,浙江有5家5A级景区入选,山东、四川各有4家,广东、江苏各有2家,而江西没有1家5A级景区入选;从人民日报社新媒体中心、人民网等评选的"2018中国品牌旅游景区TOP20"看,广东、江苏各有2家旅游景区入选,而江西没有1家景区入选;从中国旅游研究院评选的"2018年十大最受欢迎的国家5A级景区"看,广东、浙江、江苏、山东均有1家5A级景区入选,而江西没有1家5A级景区入选。

(二)产业创新拓展能力有待进一步提升

一方面,全省旅游业的主动创新不够。对旅游行业的结构变化、旅游市场的刚性需求、旅游消费的转型升级反应不够灵敏,旅游的发展方式、竞争方式还是以前的样子,处于跟着干、跟着学阶段,产品供给未能按照市场需要进行全面适时的创新。与广东、江苏、浙江、山东、四川相比,江西资源型、观光型旅游产品占据主导地位,缺乏康体疗养、商务会展、教育研学、时尚运动、商业购物、主题娱乐、美食休闲等新型旅游产品,难以满足游客多样化和个性化的旅游需求。根据人民网舆情数据中心发布的"2018年中国城市文化旅游品牌影响力排行榜TOP50",成都、南京、深圳、杭州、青岛分别排第二位、第四位、第五位、第八位和第十位,而江西没有1个城市入选。另一方面,全省在入境旅游市场开拓方面能力严重不足。当前世界经济形势错综复杂,我国签证政策偏紧,人民币持续升值,部分地区雾霾严重等因素导致全国入境旅游整体下滑。江西为内陆省份,国际空港口岸建设相对滞后,对外开放不足,海外营销力度不强,旅游产品老化,入境短板更加明显。

(三)旅游市场管理职能有待进一步增强

一方面,市县是旅游发展的主体,但有些市县党委、政府针对旅游业发展的实招不多,且力度不大,市县两级旅游管理部门人员不够,资金不足,对于市场灵敏度不高,导致旅游业创新和协调乏力,省里很多政策、精神不能落到实处，未能实现旅游业的转型升级。对旅游市场管理存在分散现象、部分景点存在多头管理、部门职责不清晰，市县各自为政难以统一协调，跨行政区域景点管理困难。管理上的不足不仅会造成资源浪费、要素错配，而且会造成生产有效供给不足、供给水平不高等问题，进而无法有效适应旅客需求。另一方面，旅游相关部门职能发挥不够，主动对接不多，处于被动应付的局面。从江西省文旅厅运行两年的情况来看，其该履行的职能未能全面履行，对旅游业的整合也不到位，对于旅游产业发展中的政策协调、规划控制、土地使用、项目引导等尚处于起步阶段，旅游形象宣传转入产品营销收入还有较大空间；"旅游＋互联网"的实质性运用及公众服务的能力较弱，社会各界对旅游业发展涉及消费、投资和对外服务贸易的多重作用、多方贡献认识普遍不足，对市场秩序尤其是出境游中暴露的乱象，在整治打击中有顾此失彼之困扰。

（四）旅游公共服务能力有待进一步完善

尽管江西主要景区之间都有高速公路连接，但不少景区景点"最后一公里"问题依然突出，特别是在旅游旺季，部分热点景区交通拥堵、停车难现象更为突出。并且缺乏旅游集散中心、停车场、旅游标识标牌等基础设施，严重制约了景区景点的发展。相比之下，广东、江苏、浙江、山东、四川的旅游大通道和旅游大环线已经基本形成。2018 年，江西委托第三方机构对 50 家 A 级景区暗访发现，48% 的景区旅游交通不达标、35% 的景区购物服务管理不到位、40% 的景区游览服务设施还存在差距。"慢游"服务体系不完善直接导致江西接待的游客停留时间短，一日游的游客占比高达 70% 以上，远高于广东、江苏、浙江、山东、四川。尽管江西 2015 年开展的旅游厕所革命"一号工程"极大地改善了如厕条件，但部分景区老厕所的环境仍然不佳，部分城市的城区公共厕所环境有待提升。

（五）旅游市场消费能力有待进一步提高

江西旅游景区以山岳型为主，旅游资源开发缺乏创意，受年龄结构、性别结构制约明显。在 2018 年江西接待的游客中，55 岁以上的游客占比仅为 14.6%，低于全国 30% 的平均水平，女性游客占比仅为 35.6%，远低于全国 65% 的平均水平。尽管近年来江西创新推出旅游全国百城营销"蝶翼计划"、"跟着诗文游江西"等大型城市营销活动，但宣传推介范围和精准性仍显不足。旅游营销手段相对单一，主要以专题推介会、电视营销、网站营销等为主，新媒体营销仍然薄弱。旅游服务供给不足、质量不高现象较为突出，与游客需求存在较大差距。根据《2018 年江西旅游市场大数据分析报告》，在游客的不满意因素中，景区服务质量方面占比超过 40%。交通、住宿、餐饮、索道等旅游公共服务明显不能满足大流量游客的需要，更无法满足高端消费游客的需求，因此江西旅游市场主要以中等消费群体游客为主。

第三章

"十四五"江西旅游强省建设
面临的内外部形势

一、国际层面

（一）旅游经济全面快速增长

近年来，随着人民生活水平的提高，各个国家对旅游业的发展持较乐观的态度，消费者信心指数逐年提高，各主要经济体旅游需求稳步增长，跨国旅游基础设施不断完善，旅行成本持续降低，出境游比例逐年攀升。在这样的背景下，全球旅游总人次和全球旅游总收入一直保持着强劲的增长势头，在各个国家的全年生产总值中占到的比例越来越高。"2019 世界文化旅游大会峰会"发布的 UNWTO 数据显示，2018 年全球国际游客规模达到 14 亿人次，同比增长 5.4%。国际旅游服务贸易（含交通）出口额达到 1.7 万亿美元，同比增长 4.4%，比全球 GDP 增速高出 3.6 个百分点，是仅次于化工和石油行业的世界第三大出口行业。根据世界旅游组织预测，2020 年世界国际旅游者将达 15.6 亿人次，国际旅游业收入将达到 20000 亿美元，国际旅游业将迎来黄金发展期。

（二）旅游市场进一步细化分化

随着世界经济发展和人们生活水平不断提高，国际旅游传统方式，如观光、娱乐、疗养和商务型已满足不了广大旅游者的需求，旅游市场进一步细化分化，向着个性化、多样化、人文化的方向发展，追求更为灵活多变的旅游方式，追求更多的参与性和娱乐性，特别注重旅游的生态性和安全性。除传统熟知的观光、度假和商务三个主要的旅游项目外，特殊、专题旅游表现得更有发展潜力，如宗教旅游、冒险旅游、考古旅游、毕业旅游、热气球旅游、蜜月旅游、民族风俗旅游等，未来将会对旅游市场进行新一轮的洗牌，逐步细分化旅游市场。与此同时，观光、度假、商务三大传统旅游项目也将追随游客的需求进行进一步升级改造。其中，观光旅游未来在发展中国家仍将占据第一主导地位，并随着经济发展和生活水平的提高将会大众化、常态化；而在发达国家观光旅游市场则会逐渐收缩。度假旅游在未来的发展中将会以体现地方文化特色和生态、绿色、低碳的自然资源环境为支撑，引导旅游市场的发展。商务旅游在未来也会随着世界经济发展形势变化和经济中心、商务中心的转移而发生变化，传统的商务旅游热门地区如北美、欧洲暂时不会发生改变，但是会受到东亚、中东、南美等新的商务旅游热门地区的不断挑战。

（三）旅游方式更为灵活多变

随着游客对于旅游产品的需求更加多样化，未来的旅游方式将会按照游客的需求进行调整升级，朝着自由化、多样化、定制化的方向发展，各种新颖独特的旅游方式也将涌现出来。传统的游山玩水、走马观花式的游览方式将会慢慢被更加多样化的旅游方式所取代。在追求个性化的需求下，未来散客旅游特别是中短距离区域内的家庭旅游份额将逐步增加。随着交通设施的不断完善、低空旅游的升热，未来这一比例将会更大。游客相比以前更加注重旅游过程中的参与性和互动性，对于那些富有新鲜活力、具有鲜明特点的旅游场所就更加向往，对于那些轻松愉快、丰富多样、游娱结合的旅游方式就会更加追捧。未来的旅游产品设计也会将种族色彩、民俗风情、地方特色等融入其中，这是旅游方式转变的一个重要方向。

（四）绿色旅游成为新动向

随着世界各国越来越重视环保，旅游业的可持续发展成为更加关注的问题。各个国家日益加大对自然资源、人文资源和生态环境的保护力度，加强对旅游目的地的环境建设。同时加强社会宣传力度，关注全球气候变暖问题，引导企业和公民积极履行社会责任、环境责任，保护和爱护生态环境，努力降低旅游活动对自然、人文和生态环境的负面影响。生态旅游越来越成为旅游业发展的热门方向，当前生态旅游发展较成熟的国家有美国、英国、德国、瑞士等国家，在生态旅游建设中都尽量避免大兴土木、伐木毁林等有损自然景观的做法，交通多以步行为主，旅游接待设施尽可能地小，并与自然景观融为一体，游客一般都带帐篷在外露营，尽一切可能将旅游对旅游环境的影响降至最低。

二、国内层面

（一）经济"新常态"凸显旅游业战略地位

当前我国经济发展进入增速放缓、结构调整、驱动升级的新常态。国民旅游需求随着国家战略的调整也发生了新的变化，对于旅游业的未来发展有了新的期盼和认识。旅游业是兼具消费、投资、出口"三驾马车"功能的新增长点，正成为新常态下影响中国经济发展的重要领域，旅游的战略引擎作用凸显，可通过旅游推动其他产业乃至国民经济转型升级。据数据统计，2018年全国旅游市场稳步发展，各地积极挖掘文化和旅游资源，发展特色产业。从2015～2018年旅游行业数据来看，全国旅游收入保持着两位数稳定增长。江西面临着发展不足的矛盾，在全省有效需求不足、传统动力减弱、产业层次总体较低的背景下，旅游业逆势上扬，经济社会效益有目共睹，更加凸显了旅游业的战略地位。

（二）供给侧结构性改革将激发旅游市场活力

面对复杂的国内外形势，中国坚定不移深化供给侧结构性改革，推动中国经济持续向高质量发展转变。供给侧结构性改革强调用新思路新举措挖掘内需潜力，强调大力优化产业结构，强调加快对外开放，宏观上对旅游发展带来多重利好。江西旅游市场辐射范围有限，主要以省内和周边五个省份为主，远程市场规模较小，且江西出境游增幅高于全省接待总人数的增幅。江西现阶段应该稳固省内和周边省份的旅游市场，做好旅游产品的充足供给，如果在产品供给方面不进行结构调整，长三角、珠三角、长江中游城市群和海西市场将会拱手让给江、浙、沪等创新创意快速发展的省份。因此，旅游供给侧结构改革对江西旅游具有特殊的意义，及时为江西旅游发展提供了前瞻性指引。"十四五"期间全省旅游以供给侧改革为契机，创造有效需求，形成对接消费市场的产业结构、产品结构，引领周边市场消费，适应更大的消费市场。

（三）大众旅游时代国民消费需求更加旺盛

随着大众旅游时代的到来，国民旅游消费需求日益旺盛，全域旅游聚焦美好生活，旅游与文化、创意、科技的融合创新备受关注，品质提升与绩效改善趋势愈发显现。未来旅游经济发展预期乐观，旅游消费活力将进一步得到释放，有品质且时尚的旅游产品将走俏市场，国家战略和旅游交流将有力促进新时期旅游发展，民众对旅游的获得感将进一步增强。"十四五"期间，我国全面建成小康型旅游大国。随着经济的不断发展，居民生活水平不断提高,以消费水平衡量,日消费在 20～50 美元的都市休闲客群人数增长迅猛,旅游消费市场潜力巨大。旅游正在由过去的奢侈品发展成为大众化、经常性消费的生活方式,旅游形式将由观光旅游向休闲旅游和度假旅游转变,大众旅游时代将全面来临。

(四) 出境游市场不断扩大

随着居民收入水平的不断提高和旅游消费升级的推动,在签证、汇率以及航班等多种便利因素影响下,我国出境旅游热依然持续。特别是二三线城市新增了大量国际航线和签证服务中心,出国越来越方便。2014 年中国出境旅游人数突破 1 亿人次,2018 年中国公民出境旅游人数达 1.5 亿人次,比上年增长 14.7%。中国已连续多年保持世界第一大出境旅游客源国地位。同时,中国游客购买力也相当惊人。2018 年我国国际旅游支出达 2773 亿美元,相比 2017 年增长 5.2%。但中国持有护照人数不到总人口的 10%,而欧美发达国家此数据比例在 40%～70%,相当于我国尚有 90% 的人口尚未进入出境旅游市场,出境旅游市场拥有巨大的发展潜力。

(五) 乡村旅游市场潜力巨大

在全国旅游业快速发展的大背景下,我国乡村旅游这一新的旅游形式也被越来越多的人青睐。休闲农业和乡村旅游已从零星分布向集群分布转变,空间布局从城市郊区和景区周边向更多适宜发展的区域拓展。有数据显示,2015～2018 年我国休闲农业与乡村旅游人数不断增加,从 2015 年的 22 亿人次增至 2018 年的 30 亿人次,年均增长率高达 31.2%,增长迅速。2018 年全国休闲农业和乡村旅游接待人次超 30 亿,休闲农业成为城市居民休闲、旅游和旅居的重要目的地,成为乡村产业的新亮点。

三、省内层面

（一）实施旅游强省战略部署

江西对旅游业进行顶层设计、全面布局，推动旅游业全速前进。相继出台《关于全面推进全域旅游发展的意见》、《江西省旅游产业高质量发展三年行动计划（2019－2021年）》等文件，以优质旅游、全域旅游为引领，以旅游供给侧结构性改革为主线，促进旅游资源优势向产业优势和经济优势转化，推动旅游与城乡建设、土地利用、生态保护等规划"多规合一"，着力构建全省"一圈三区三带五中心"旅游空间格局，同时大力支持以旅游业为主导产业的市县创建全域旅游示范区，推动形成差异化、个性化发展的优质旅游实践，全面提升旅游业整体水平和发展质量，把江西建设成为全国重要、国际知名的旅游目的地，为全省经济社会高质量跨越式发展提供强有力支撑。

（二）推进旅游业融合发展

2018年11月5日，江西省文化和旅游厅召开干部大会和机构改革动员大会，正式拉开文旅融合发展的大幕。随着文化和旅游机构改革的完成，全省文化和旅游系统聚焦发展大局。着力推进理念融合，把理念观念融合放在首要位置，从思想深处打牢文化和旅游融合发展的基础，推动文化和旅游深融合、真融合；着力推进职能融合，原文化部门和原旅游部门各有各的职能、各有各的业务，要扎实完成机构改革各项任务，打破文化和旅游行业边界，设计好内设部门职能，确保履职到位；着力推进产业融合，积极寻找文化和旅游产业链条各个环节的对接点，发挥各自优势、形成新增长点；着力推进服务融合，协同推进公共文化服务和旅游公共服务、为居民服务和为游客服务，发挥好综合效益。

（三）支持旅游业品牌创建

2018 年，南昌滕王阁成功创建国家 5A 级旅游景区，江西 5A 级景区数量达 11 个，位列全国第七。此外，庐山西海、新余仙女湖、黎源篁岭、吉州窑景区、吉安羊狮幕、赣州三百山、宜春靖安三爪仑景区等省内诸多景区正在推进 5A 级景区申请工作。明月山温汤旅游度假区入选国家级旅游度假区，成为江西唯一入选地。而江西在创建旅游品牌工作上不仅仅只有这些。江西将对全省旅游产品进行综合提升，打造更多有层次、有格调，可以体现出江西特色的旅游精品，不断对外打响"江西风景独好"的旅游名片。狠抓精品景区创建，积极开展"旅游景区三年提升行动"。认真做好中国红色旅游推广联盟各项工作，办好中国红色旅游推广联盟年会和中国（江西）红色旅游博览会。同时推进乡村旅游提质升级，贯彻落实乡村振兴战略，开展"乡村旅游提质升级行动"。

（四）强化旅游业改革创新

2018 年 3 月 28 日，武功山经营管理体制改革《委托经营协议》在南昌集中签约，江西武功山经营性业务全面委托给江西省旅游集团，以及萍乡、宜春、吉安三市国有经营实体共同出资成立的江西武功山旅游集团经营管理。这标志着武功山经营管理体制改革向前迈出了关键的一步，对推动赣西旅游产业和全省旅游产业发展意义十分重大，是江西旅游行业改革的重大举措。持续创新旅游体制机制，借鉴武功山经营管理体制改革经验，推进庐山西海和庐山两个景区的管理体制改革，对跨行政区域的旅游景区，加大资源整合力度。大力推动文化和旅游的融合，2018 年《寻梦牡丹亭》等三台旅游演艺节目先后惊艳开演。江西旅游演艺遍地开花，汇成一台"江西印象"，讲述精彩的"江西故事"。江西正在研究制定《关于江西创建博物馆融合发展示范单位的意见》，推动博物馆与旅游的深度融合，研究制定《全省非物质文化遗产进景区三年行动计划》。

（五）加大旅游业开放力度

江西充分发挥旅游在国际交流合作中的积极作用，构建江西全面开放新格局。扎实推进葡萄牙里斯本中国文化中心建设，搭建国际交流平台。组织有关企业积极参与中非合作论坛、中俄地方合作交流年、中国国际进口博览会等重大国际交流活动，并进行系列经贸推介、文化交流，争取达成一批重大合作成果。组织实施江西"彼尔姆日"、韩国全罗南道江西经贸文化周、日本岐阜友好省县30周年等一批友城交往活动。积极参与"万里茶道"欧洲旅游推广，赴俄罗斯、法国、西班牙等国家和港澳台地区开展境外推广活动，加大境外网络推广和广告投放力度，不断开拓入境旅游市场。开展"江西文化年"、江西文化遗产国际巡展等活动，推动傩舞傩戏、瓷器瓷乐、油画、杂技等文化产品"走出去"。此外，江西还将进一步简化入境旅游手续，支持江西旅游"走出去"。加强昌北国际机场等国际口岸建设，加大航线和包机补贴力度，大力发展国际旅游包机，积极培育国际直航航线。

第四章
江西旅游强省建设水平评价

一、旅游强省建设水平评价指标体系构建

在分析旅游强省建设内涵特征的基础上，遵循系统性、科学性及数据可获取性等原则，并且大量借鉴已有研究成果，本书将建设旅游强省的指标体系划分为旅游产业基础、综合效益、生态条件和社会环境四个一级指标，每个一级指标中又细分为若干二级指标（见表4-1）。

表4-1 江西旅游强省建设的评价指标体系

一级指标	二级指标	代码	指标单位	指标属性	指标权重
产业基础	A级旅游景区数量	A1	个	正向	0.0277
	星级饭店数	A2	个	正向	0.0457
	旅行社数量	A3	个	正向	0.1176
	互联网宽带接入用户数	A4	万户	正向	0.0492
	投资施工与投资项目数	A5	个	正向	0.0980
综合效益	入境游客数	B1	万人次	正向	0.0388
	国际旅游外汇收入	B2	万美元	正向	0.0434
	国内游客数	B3	万人次	正向	0.0531

一级指标	二级指标	代码	指标单位	指标属性	指标权重
综合效益	国内旅游收入	B4	亿元	正向	0.0479
	旅游增加值占 GDP 比重	B5	%	正向	0.0282
生态条件	废水治理设施数	C1	套	正向	0.0425
	废气治理设施数	C2	套	正向	0.0294
	脱硫设施数	C3	套	正向	0.0666
	固体废物综合利用率	C4	%	正向	0.0152
	区域气象观测站	C5	台	正向	0.0652
社会环境	服务业企业营业收入	D1	亿元	正向	0.0640
	社会消费品零售总额	D2	亿元	正向	0.0642
	一般公共预算支出	D3	亿元	正向	0.0489
	交通通信用品价格指数	D4	—	—	0.0199
	商品零售价格指数	D5	—	—	0.0340

（一）产业基础

产业基础指旅游配套设施的建设，反映旅游产业发展的设施水平。具体包括 A 级旅游景区数量、星级饭店数、旅行社数量、互联网宽带接入用户数、投资施工与投资项目数（这里用建成投产的数量表示）等相关指标。

（二）综合效益

综合效益指旅游产业在经济上的表现，反映的是旅游产业发展的竞争水平。具体包括入境游客数、国际旅游外汇收入、国内游客数、国内旅游收入、旅游增加值占 GDP 比重等相关指标。

（三）生态环境

生态环境指旅游产业所在地的环境状况，反映的是旅游产业发展的可持续水平。具体包括废水治理设施数、废气治理设施数、脱硫设施数、固体废物综合利用率、区域气象观测站等相关指标。

（四）社会环境

社会环境指旅游产业所在地的经济发展水平，反映的是旅游产业发展的社会支撑水平。具体包括服务业企业营业收入、社会消费品零售总额、一般公共预算支出、交通通信用品价格指数、商品零售价格指数等相关指标。

评价等级调查情况如表4－2所示。

表4－2　评价等级调查情况

一级指标	权重	评价等级				
		优秀	良好	一般	较差	很差
产业基础	0.3384	(27.07，33.84)	(20.30，27.07)	(13.54，20.30)	(6.77，13.54)	(0，6.77)
综合效益	0.2116	(16.93，21.16)	(12.70，16.93)	(8.46，12.70)	(4.23，8.46)	(0，4.23)
生态条件	0.2189	(17.51，21.89)	(13.13，17.51)	(8.76，13.13)	(4.38，8.76)	(0，4.38)
社会环境	0.2311	(18.49，23.11)	(13.87，18.49)	(9.24，13.87)	(4.62，9.24)	(0，4.62)

二、研究方法与数据

（一）研究方法

在评价指标体系构建的基础上，进一步对旅游产业发展水平进行测度评价。为尽量减少权重确定过程中主观因素的干扰，采用熵值法对各项指标进行赋权，在此基础上通过加权求和法对江西11个地级市旅游业发展水平进行综合测度，指标选取及权重计算结果如表4－2所示。熵值法的计算步骤为：

（1）原始数据标准化。

正向指标，$x'_{ij} = (x_{ij} - \bar{x}) / s_j$

负向指标，$x'_{ij} = (\bar{x} - x_{ij}) / s_j$ 　　　　　　　　　　　　　（4-1）

式中，x_{ij} 为第 i 个样本、j 项指标的原始数值，x'_{ij} 为标准化后的指标值，$\bar{x}$ 和 S_j 分别为第 j 项指标的平均值和标准差。

（2）各项指标同度量化。

计算第 j 项指标下，第 i 城市占该指标比重（p_{ij}）：

$$p_{ij} = z_{ij} / \sum_{i=1}^{n} z_{ij} \quad (i = 1, 2, \cdots, n; \; j = 1, 2, \cdots, m)$$ 　　　　（4-2）

式中，n 为样本个数，m 为指标个数。

计算第 j 项指标熵值（e_{ij}）：

$$e_{ij} = -k \sum_{i=1}^{n} P_{ij} \ln (p_{ij}) \quad k = 1/\ln(n); \; e_{ij} \geqslant 0$$ 　　　　（4-3）

计算第 j 项指标的变异系数（g_j）：

$$g_j = 1 - e_{ij}$$ 　　　　　　　　　　　　　　　　　　　　　　　（4-4）

对差异系数归一化，计算第 j 项指标的权重（w_j）：

$$w_j = g_j / \sum_{j=1}^{m} g_j \quad (j = 1, 2, \cdots, m)$$ 　　　　　　　　　（4-5）

计算第 i 城市的旅游产业发展水平（f_i）：

$$f_i = \sum_{j=1}^{m} w_j p_{ij}$$ 　　　　　　　　　　　　　　　　　　　（4-6）

（二）数据来源

以江西 11 个地级市为研究对象，研究时间为 2018 年，对旅游数据缺失予以剔除处理。研究所采用的数据主要来源于《江西统计年鉴（2019）》。研究所使用的原始数据参见本书附录。

三、江西旅游强省建设水平评价

根据上文所构建的江西旅游强省建设评价指标体系，将从产业基础、综合效益、生态条件和社会环境方面按照评价等级调查表对江西11个地级市2018年的旅游业发展水平进行评价。评价结果如表4-3和表4-4所示。

表4-3　旅游业评价得分

城市	产业基础	综合效益	生态条件	社会环境	综合得分
南昌	28.44	11.98	5.97	15.46	61.84
景德镇	2.55	8.01	1.46	1.09	13.11
萍乡	2.09	3.34	4.07	1.31	10.87
九江	11.44	12.93	7.37	5.45	37.18
新余	0.74	0.88	3.43	0.27	5.32
鹰潭	0.93	2.63	1.40	0.57	5.53
赣州	15.90	7.50	17.78	8.28	49.45
吉安	8.47	7.80	9.74	4.70	30.70
宜春	8.75	5.79	15.59	5.11	35.24
抚州	7.27	1.87	8.00	3.62	20.76
上饶	13.08	11.37	10.19	6.61	41.25

表4-4　旅游业评价等级

一级指标	评价等级				
	优秀	良好	一般	较差	很差
产业基础	1/11	0/11	0/11	6/11	4/11
综合效益	0/11	1/11	2/11	4/11	4/11
生态条件	1/11	1/11	2/11	3/11	4/11
社会环境	0/11	1/11	0/11	5/11	5/11

　　江西 11 个地级市的旅游综合评分平均值为 28.30，总体评价为一般偏差水平，其中新余和鹰潭两个地区的旅游业发展水平在全省垫底，发展明显不足。通过实证测量发现，江西旅游业仍有许多指标未达到旅游强省标准，主要指标与旅游强省差距较大。从产业基础看，只有南昌达到优秀级别，良好和一般空缺，几乎都处于较差和很差的级别。由于基础配套设施的不足，在很大程度上影响了江西旅游业发展质量的提升，直接体现在旅游市场表现不佳、旅游产业带动效应不强等方面。从综合效益看，没有城市达到优秀级别，多数城市的评价为较差和很差。近年来，江西旅游业突飞猛进，但是短板仍然存在，入境和国内游客数都有较大提升空间。从生态条件看，江西环境设施的等级分布相对较均匀，对于环境的保护与治理江西一直都投入很大的精力，但是仍需努力，对环境设施不充沛的地区予以资金和政策支持，为江西旅游业发展提供良好的环境基础。从社会环境看，只有南昌达到良好级别，其余都处于较差和很差级别。虽然近年江西出台各种促进旅游发展的政策，但是相关的社会环境发展仍然不足，应尽快出台旅游消费激励政策、加大资金投入、加强宣传促销等，为江西旅游强省建设创造宽松的政策环境，形成建设旅游强省的强大合力和动力。

第五章
中国航空与旅游产业的耦合协调度测算及其空间效应分析

本章以中国 31 个省级行政区航空与旅游产业耦合协调发展问题为研究对象，基于 2017 年截面数据，采用耦合协调度模型和空间计量模型等方法，分析中国各地区航空与旅游产业耦合协调关系及其空间效应。研究表明：①中国航空、旅游产业发展的不协调问题比较突出，两个产业耦合协调度指数较高的地区集中在沿海省份，空间上与两个子系统发展存在较强的一致性，表现出集群化和阶梯化的特征。②中国航空与旅游产业耦合协调程度呈现出显著的空间关联与集聚效应，地理近邻性特征明显。高—高型集聚区域主要集中在经济发展水平较高的沿海地区，低—低型集聚区域则分布广泛，高—低型和低—高型集聚区域数量少，穿插分布在高—高型和低—低型之间。③中国航空与旅游产业耦合协调发展未形成空间溢出效应，但是存在较强的空间依赖作用。人均 GDP、城镇化率和第三产业比重对两个产业耦合协调具有正向促进作用，人均固定资产投资和高铁密度则起负向作用。

近年来，随着国民经济的发展、人民生活水平的提高，出门旅游的人数逐年增加，选择乘坐飞机到达旅游目的地的方式也越来越受游客欢迎，航空与旅游产业都得到了快速发展。与此同时，航空和旅游产业的协调发展成为各界关心的热点话题。一方面，国家出台诸多支持航空与旅游产业发展的政策。2016 年 4 月，国家发展改革委发布了《促进消费带动转型升级行动方案》，明确提出要加快培育通用航空消费市场。2017 年《关于促进交通运输与旅游融合发展的若干意见》出台，中国航空与旅游产业融合发展开始全面具体推进。2018 年国务院发布《关于促进全域旅游发展的指导意见》，标志着全域旅游正式上升为国家战略，而"旅游＋航空"作为全域旅游的一项重要组成部分得到了社会各界的重点关注，该文件的实施也将极大地推动低空旅游和航空运动事业的进一步发展。另一方面，高铁等远距离运输方式与航空之间存在的竞争关系，成为影响旅游和航空产业协调发展的重要因素。面对国际经济发展的新趋势，航空与旅游产业能否协调发展，将直接影响中国产业的转型升级。因此，系统测算中国航空与旅游产业融合发展的水平，分析其空间分布状态及空间效应，对于科学的制定促进中国航空与旅游产业融合发展的战略，具有十分重要的现实意义。

一、文献回顾

20 世纪 20 年代末，随着商业航空业务的建立，乘飞机旅行的新鲜度下降。航空与旅游产业的融合产生了众多的新兴业态、产品形式和产业综合体，吸引了众多学者的密切关注。国内外学者针对航空产业与旅游产业融合的具体形态进行了较多研究，如飞地城镇、中途旅游、机场旅游、空中旅游、低空旅游、旅游包机、旅游救援等方面，主要观点认为航空与旅游产业的融合对于提高旅游目的地的形象和吸引力具有重要的积极推动作用。

此外，许多学者对航空与旅游产业融合发展的动力因素、融合方式等方面进行了研究。主要观点有：第一，旅游会明显影响航空网络和效率。周蓓（2008）以四川省航空旅游网络空间结构特征的变化为基础，研究认为旅游资源禀赋对于航空旅游网络空间结构有着重要影响。党亚茹和陈韦宏（2011）认为旅游市场的兴盛会加快航空公司进入旅游市场的步伐，从而促进航空与旅游的协同发展。第二,航空作为重要交通工具,有利于推动旅游业发展。Fernández(2018)利用随机前沿分析(SFA)方法,对2009~2016年西班牙35个机场样本进行了面向输入距离函数估计,认为以游客为导向的机场可能比非旅游机场的效率更高。Li(2014)以丽江、张家界、腾冲机场为例,对指出旅游交通的改善为旅游业发展提供了重要的基础,它有利于旅游产业的空间集聚与扩散,许多著名的旅游城市通过与航空工业的密切合作来发展旅游业。Vieira(2019)研究发现航空自由化政策对于航空与旅游产业的融合具有重要的推动作用。第三,旅游和航空之间的关联性高且不断强化,有利于区域经济发展。何调霞(2007)运用灰色关联分析法定量分析了中国航空与旅游产业关联发展的演变规律及其作用机制,指出了航空与旅游产业关联发展水平较高且不断趋于强化。王兆峰(2012)指出入境旅游流与航空客流之间具有显著的相关关系,且和航空运输网络中的结点连接强度有较强的耦合性。王姣娥等(2016)研究表明中国航空与旅游产业的发展表现出显著的时空相关性,长期呈现出一种均衡发展的关系。Lohmann等(2009)研究认为航空公司、机场与旅游部门之间积极地互动可以有效促进一个地区的经济发展。

综上所述,国内外针对航空与旅游产业的研究已经取得了较多的成果,且研究主要集中于两者之间的新产品形式、动力机制及其相关性分析,研究方法以定性研究为主,定量研究缺乏。基于耦合度模型的研究仍然处于起步阶段,已有的研究多是从省域层面进行定性、半定量分析,鲜有对航空与旅游产业耦合协调发展的内在机理和区域差异问题进行系统定量研究的成果。基于此,本书在前人研究的基础上,以2017年全国31个省级行政区航空与旅游产业数据为样本,构建航空与旅游产业融合评价指标体系,对全国航空与旅游产业耦合协调发展水平进行评价分析,以期为中国航空与旅游产业提质、增效、升级提供决策参考。

二、航空与旅游耦合协调发展的作用机理

旅游产业关联性强,与其相关联的产业超过110个。而航空产业辐射性强,能有效推动多个产业发展。两个产业因其产业特性和属性相互促进,具有天然的相融性。航空与旅游产业的耦合协调发展需要从内部机制和外部动力两方面来实现(见图5-1)。

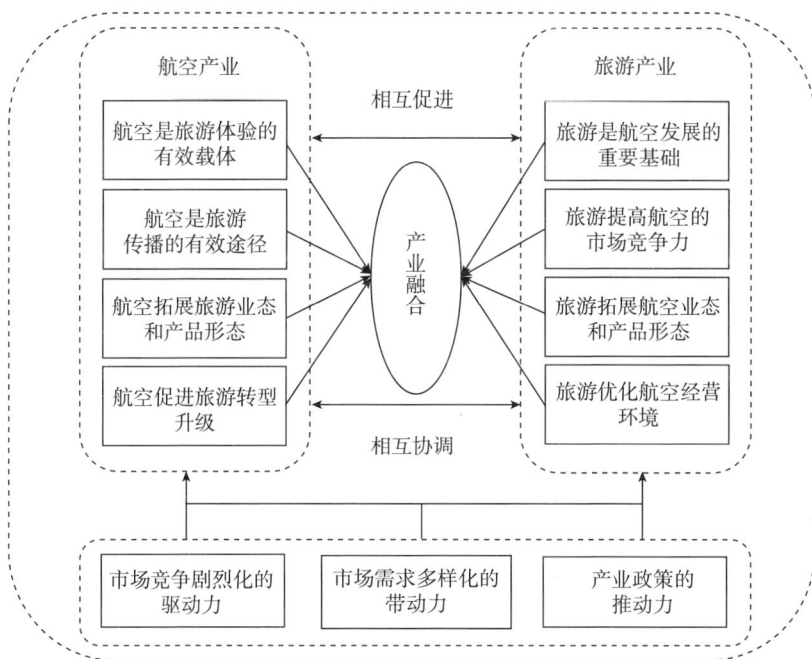

图5-1 航空与旅游产业耦合关联作用机制

（一）内部机制

一方面，航空是旅游体验的有效载体，对于旅游消费者尤其入境游客来说航空是最主要的交通工具；航空是旅游传播的有效途径，航空为旅游地的进入提供了快速通道和保障，提高和拓展了旅游产业的市场范围和区域影响力；航空拓展旅游业态和产品形态，旅游产业借助航空元素，依靠多种旅游资源进行联合开发，扩大了产业链；航空促进旅游转型升级，随着国民收入水平的增长，乘坐飞机出行越来越普遍，人们不再满足于单纯的旅游观光和休闲体验，转而追求体验与互动型旅游，迫使旅游产业加快转型升级。另一方面，旅游是航空发展的重要基础，航空产业的发展与地区拥有的旅游资源的数量和品质密切相关；旅游提高航空的市场竞争力，航空产业规模壮大得益于客运和货运业务的增长，而这是旅游产业不断发展的结果；旅游拓展航空业态和产品形态，地区旅游产业的兴起与壮大促使航空公司规划新的航线，并开发出与旅游产业紧密联系的产品和服务；旅游优化航空经营环境，旅游产业集聚带动了其他相关产业的发展，市场交易成本降低，从而优化了航空运营环境。

（二）外部动力

市场竞争剧烈化的驱动力、市场需求多样化的带动力、产业政策的推动力是外部动力的三个方面。在激烈的市场竞争环境下，航空与旅游产业融合发展的目的是追求利益最大化，可以在更大的范围内让航空和旅游资源得到合理配置和利用，产生具有融合性的产品和服务将会使航空和旅游产业形成更强的市场竞争力，为地区创造出新的消费市场。当前中国居民消费结构正在升级，人们对产品的需求不再满足于单一产品和服务的基本职能，而是追求形式多样化的产品和服务，这将倒逼航空与旅游产业加速融合，衍生出更多的产业业态和产品形态。产业的发展离不开政策支持，国家出台的促进航空与旅游产业发展的产业政策为航空与旅游产业融合发展提供了良好的政策推动力。

三、研究方法与数据来源

（一）数据收集与指标体系构建

通过对航空和旅游产业耦合协调作用机理的分析，依据科学性、系统性、数据可得性等原则，构建航空与旅游产业耦合协调度评价指标体系（见表 5-1）。该指标体系中除反映区域规模情况的总量指标外，更多地选择了能够反映不同区域级别平均水平的相对指标。本书以中国 31 个省级行政区为研究对象，借助《中国旅游年鉴》、《中国统计年鉴》、《民航机场生产统计公报》、《中国通用航空产业发展情况》、《中国民航驾驶员发展年度报告》及各省市统计年鉴及统计公报等，由于航空产业中通用航空部分数据只统计了 2017 年的，所以只收集全国航空与旅游产业 2017 年的相关数据。

表 5-1 航空产业与旅游产业发展指标

产业类型	一级指标	二级指标	产业类型	一级指标	二级指标
航空产业指标（A）	资源状况	民用机场数量（个）	旅游产业指标（T）	资源状况	景区数量（个）
		机场密度（个/万平方千米）			景区密度（个/万平方千米）
		航空资源丰度（个/百万人）			旅游资源丰度（个/百万人）
		飞行区等级（个）			5A 级景区数量（个）
		通用机场数量（个）			4A 级景区数量（个）
	从业人员	航空业从业人员（个）		从业人员	景区从业人员（个）
		驾驶员数量（个）			旅行社从业人员（个）
		从业人员比重（%）			从业人员比重（%）

续表

产业类型	一级指标	二级指标	产业类型	一级指标	二级指标
航空产业指标（A）	设施数量	航空产业园数量（个/平方千米）	旅游产业指标（T）	设施数量	旅游景区数量（个/万平方千米）
		空中游览数量（个/万平方千米）			星级饭店数量（个/万平方千米）
		航空运营商数量（个/平方千米）			旅行社数量（个/万平方千米）
		机场航站楼面积（万平方米）			住宿业法人数量（个/万平方千米）
		机场机位数量（个/万平方千米）			餐饮业法人数量（个/万平方千米）
	经营状况	旅客吞吐量（万人次）		经营状况	旅游总收入（亿元）
		起降架次（万架次）			旅游总人次（万人次）
		民航航线数量（条）			入境游客人次（万人次）
		吞吐量100万人次以上机场数量（个/平方千米）			旅游收入占GDP比重（亿元）
		货邮吞吐量（万吨）			入境旅游收入（%）

（二）方法选取与模型构建

1. 耦合协调测量模型

耦合指两个或多个产业在运行过程中，由于要素、运行机制等关键因素之间的关联性和相互作用，导致产业间出现彼此联合，最终实现产业间各要素的紧密配合、相互依赖的局面。

航空与旅游产业的融合发展的耦合协调度测量模型为：

$$D = \sqrt{C \times T}$$

$$T = au_1 + bu_1 \tag{5-1}$$

式中，D 为耦合协调度值；T 为航空与旅游产业的综合协调指数；$C = \dfrac{\sqrt{(u_1 \times u_2)}}{(u_1 + u_2)}$ 为耦合度值，$C \in [0, 1]$，当 $C = 0$ 时，耦合度最小，当 $C = 1$ 时，耦合度最大；a、b 为待定系数，本书均取 0.5；$u_i = \sum\limits_{i=1}^{m} \lambda_{ij} u_{ij}$，$\sum\limits_{i=1}^{m} \lambda_{ij} =$

1；λ_{ij} 表示指标权重，通过熵值法确定，u_1、u_2 分别为航空与旅游产业各自的总功效贡献。

2. 探索性空间数据分析模型

探索性空间数据分析法较常用的定量指数包括全局空间自相关和局部空间自相关指数。

全局空间自相关表达式如下：

$$Global\ Moran's\ I = \frac{n \sum\limits_{i=1}^{n} \sum\limits_{j=1}^{n} W_{ij}(x_i - \overline{x})(x_j - \overline{x})}{\sum\limits_{i=1}^{n} \sum\limits_{j=1}^{n} W_{ij} \sum\limits_{i=1}^{n} (x_i - \overline{x})^2} \tag{5-2}$$

式中，n 表示所研究区域内的空间单元总数，本书中 n 为 31；x_i 为 x_j 分别代表区域 i、j 的某一地理属性观测值；$\overline{x}$ 为某一地理属性值的样本均值。Moran's I 介于 -1 到 1 之间，Moran's I 小于 0 说明地理属性值在空间上存在负的空间自相关，Moran's I 等于 0 说明地理属性值在空间上是随机分布的，Moran's I 大于 0 说明地理属性值在空间上存在正的空间自相关。

局部空间自相关表达式如下：

$$Local\ Moran's\ I = \frac{(x_i - \overline{x}) \sum\limits_{j} W_{ij}(x_j - \overline{x})}{\dfrac{1}{n} \sum\limits_{i=1}^{n} (x_i - \overline{x})^2} \tag{5-3}$$

式（5-3）中字母的含义与式（5-2）相同。局部 Moran's I 检验能弥补全局 Moran's I 检验结果过于笼统的缺点，具体反映各区域局部空间集聚程度。

3. 空间计量模型及估计技术

本书使用的空间计量经济模型纳入了空间效应的空间回归模型，包括空间滞后模型（SLM）、空间误差模型（SEM），在此基础上选取最适合研究问题和样本的计量模型。

（1）空间滞后模型表达式如下：

$$y = \rho Wy + X\beta + \varepsilon \tag{5-4}$$

式中，y 为被解释变量；X 为 $n×k$ 的外生解释变量矩阵；ρ 为空间回归关系数；W 为 $n×n$ 阶的空间权重矩阵；Wy 为空间滞后被解释变量；ε 为随机误差项向量。

（2）空间误差模型（SEM）表达式如下：

$$y = X\beta + \varepsilon$$
$$\varepsilon = \lambda W\varepsilon + \mu \qquad\qquad (5-5)$$

式中，ε 为随机误差项向量；λ 为 $n×1$ 的截面被解释变量向量的空间误差系数；β 反映了自变量 X 对因变量 y 的影响；μ 为正态分布的随机误差向量。

（3）估计技术。对于上述两种模型的估计如果仍采用最小二乘法（OLS），系数估计值会有偏或者无效，需要通过工具变量法、极大似然法或广义最小二乘估计等其他方法来进行估计。

4. 变量选取

被解释变量：航空与旅游产业耦合协调程度（D）。

解释变量：结合航空与旅游产业融合发展特征、数据可获取性，重点考察以下变量对区域航空与旅游产业耦合协调指数的影响（见表5-2）。

（1）经济发展水平（Pegdp）。地区经济发展水平越高，航空与旅游产业的市场需求就越大。这里选取地区人均 GDP（元/人）来衡量经济发展水平对航空与旅游产业耦合协调发展的影响。

（2）地区投资水平（Inves）。地区固定资产投资表示一个地区投资水平高低，航空与旅游产业的发展依托于城市良好的基础设施建设。这里选取人均固定资产投资（元/人）反映地区投资水平对航空与旅游产业耦合协调发展的影响。

（3）城市化水平（Urban）。城市化水平越高，对资本和科技人才的吸引力就越大，刺激城市生产效率的提高和消费需求的增长。这里选取城镇化率（%）反映城市化水平对航空与旅游产业耦合协调发展的影响。

（4）交通区位条件（Hirail）。地区通达性越高，旅游产业就越发达。而铁路和航空同为地区综合交通运输体系的重要组成部分，铁路设施建设

表 5 - 2　解释变量的描述

变量名称	符号	衡量方法
经济发展水平	Pegdp	地区人均 GDP
地区投资水平	Inves	人均固定资产投资
城市化水平	Urban	城市人口占总人口的比重
交通区位条件	Hirail	高铁运营里程与国土面积的比值
产业结构	Indus	第三产业的比重

越完善，航空必然会受到影响。这里选取高铁密度（KM/KM2）作为反映经济地理区位及基础设施建设的指标，分析其对航空与旅游产业耦合协调发展的影响。

（5）产业结构（Indus）。产业结构的调整对于一个地区的经济发展至关重要，也会对航空与旅游产业的耦合协调产生影响。这里选取第三产业的比重（%）反映产业结构对航空与旅游产业耦合协调发展的影响。

四、结果分析

（一）航空与旅游产业发展水平和耦合协调度分析

按照耦合协调度模型的计算步骤，最终得出 2017 年全国 31 个省级行政区的航空与旅游产业发展水平和耦合协调度数值，计算结果如图 5 - 2 和表 5 - 3 所示。

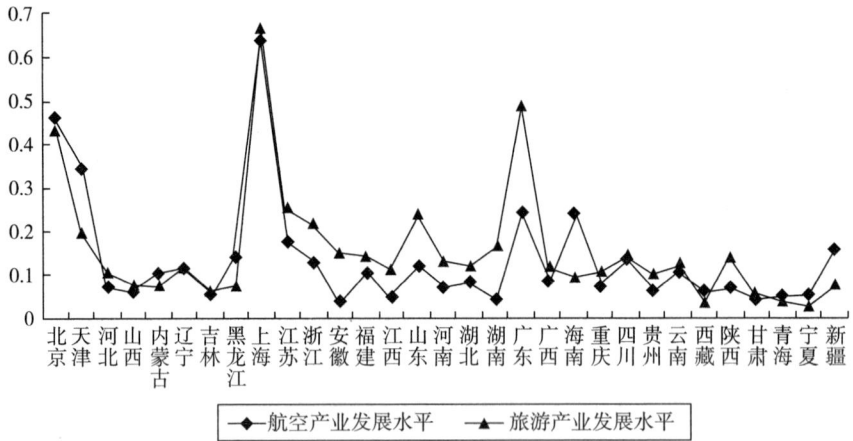

图 5-2　2017 年全国各地区航空与旅游产业发展水平对比

表 5-3　2017 年全国各地区航空与旅游产业耦合协调度分类排序

等级	耦合协调程度	耦合协调度数值	省份
10	优质协调	0.9000~1.0000	—
9	良好协调	0.8000~0.8999	—
8	中级协调	0.7000~0.7999	上海
7	初级协调	0.6000~0.6999	北京
6	勉强协调	0.5000~0.5999	广东
5	濒临失调	0.4000~0.4999	天津、江苏
4	轻度失调	0.3000~0.3999	山东、浙江、海南、四川、福建、云南、辽宁、新疆、湖北、黑龙江、陕西
3	中度失调	0.2000~0.2999	广西、河南、重庆、河北、内蒙古、湖南、贵州、安徽、江西、山西、吉林、甘肃、西藏、青海
2	严重失调	0.1000~0.1999	宁夏
1	极度失调	0.0000~0.0999	—

从图 5-2 可以看出，全国区域航空与旅游产业发展并不平衡。关于航空产业发展水平，排名前五位的分别是上海、北京、天津、广东、海南，且多是经济发达的东部沿海地区，排名倒数五位的分别是安徽、甘

肃、湖南、青海、江西，多是中西部地区。值得注意的是，黑龙江、新疆等经济欠发达地区，其航空产业发展水平相对较高。4个直辖市的航空发展水平差异较大，上海、北京和天津位列前三，而重庆则无缘前十。总体来看，中国航空产业发展水平由东部至西部依次递减，区域发展不平衡的问题仍然存在。

关于旅游产业发展水平，上海、北京、广东、江苏、山东居于全国前列，说明这5个地区旅游产业整体发展水平较高，湖南、湖北、安徽、云南、广西等中部省份的旅游产业发展水平也相对较高，这些地区大多拥有丰富的旅游资源，通过对旅游资源的开发以及交通道路建设，极大地促进了旅游产业的发展，增长速度居全国前列。宁夏、西藏、青海等西部地区排在最后，发展水平相对较低。值得注意的是，东北地区整体旅游发展水平处于全国中下游，由于东北地区的旅游产业受到中部省份和国外旅游市场的双重冲击，旅游市场呈现低迷状态。总体来看，旅游产业发展水平仍然呈现出东高西低的趋势，东部地区仍是旅游产业发展迅速的地区，而中部地区凭借丰富的旅游资源，正在逐渐缩小这种差距。

从两产业的发展差距来看，北京、上海、吉林、青海、甘肃等地区的航空产业与旅游产业发展水平相当。北京和上海两个地区经济发达、交通便利，两个产业的发展水平都较高，北京是历史文化名城，上海是国际化都市，在全球都是两个特色明显的旅游增长极，其航空产业不仅承担着本地区的交通职能，也服务于周边地区；而吉林、青海、甘肃等地区两个产业发展水平都较低，特别是在航空产业基础设施建设方面与东部、中部地区差距较大，而其旅游产业仍然处于初级发展阶段，旅游产品开发不足，再加上航空产业、旅游产业方面的高层次人才的缺乏，从而在很大程度上限制了两大产业融合水平的快速提升，远远落后于其他地区。江苏、浙江、安徽、江西、山东、河南、湖北、湖南等地区的旅游产业发展水平明显高于航空产业，这些地区因其丰富的旅游资源，加上近年旅游市场的火热，旅游产业发展持续向好，但是由于工业基础薄弱，区位优势不明显，航空产业发展并不突出，导致两个产业发展的不一致、不协调、不匹配，由此导致两大产业融合水平明显低于东部地区。海南、新疆、内蒙古、宁夏等一些偏远地区的航空产业发展水平高于旅游产业，航空产业发展较旅游产业更具优势。

从表 5 - 3 可以看出，上海和北京两个产业的耦合协调度数值最高，分别处于中级协调和初级协调程度，差距微小。广东的耦合协调度数值次之，处于勉强协调程度，其航空和旅游产业产值居于全国首位，但是从人均看，低于上海和北京两个地区。天津和江苏两个地区航空和旅游产业耦合协调度数值处于濒临失调程度。处于轻度失调程度的地区有山东、浙江、海南、四川等 11 个地区，处于中度失调程度的地区有广西、河南、重庆、河北等 14 个地区，处于轻度失调和中度失调两个程度的地区最多，几乎囊括了全国大部分地区。处于严重失调程度的地区只有宁夏 1 个。总体来看，中国航空与旅游产业耦合协调发展水平较低，仍需进一步发展。

（二）空间相关分析

通过以上分析可知，中国航空与旅游产业融合发展的耦合协调水平在空间上存在明显的关联性，为了进一步分析这种空间关系，我们采用探索性空间数据分析（ESDA）对航空与旅游产业融合发展的耦合协调程度进行分析，本书将航空与旅游产业融合发展的耦合协调度数值作为观测指标，运用 Arcgis10.3 和 Geoda 软件进行空间分析。

1. 全局 Moran's I 检验

图 5 - 3 为 2017 年全国航空与旅游产业融合发展的全局 Moran's I 检验，从中可以看出，航空与旅游产业耦合协调度的 Moran's I 指数为 0.2662，Moran's I 的正态统计量 Z 值均大于正态分布函数在 0.01 水平下的临界值（1.96），表明全国 31 个省、直辖市和自治区的航空与旅游产业耦合协调水平的空间分布并不呈现完全随机状态，而是表现出相似值的空间集聚，正的空间相关代表相邻地区的特征相似，即耦合协调程度较高的地区相对地趋近于耦合协调程度较高的地区，而耦合协调程度较低的地区和耦合协调程度低的地区靠近。因此从整体上讲，全国航空与旅游产业耦合协调程度是存在空间相关性的。

Moran's I: 0.266203

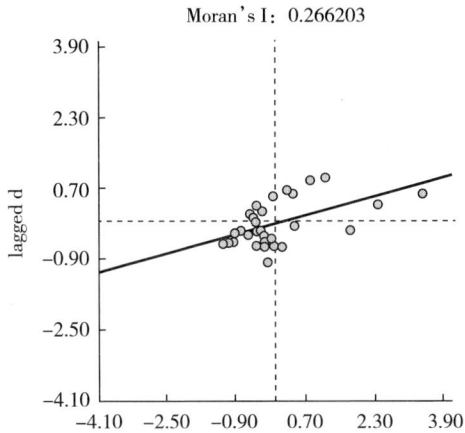

图 5－3　2017 年全局 Moran's I 指数

2. 局部 Moran's I 检验

全局 Moran's I 指数说明了航空与旅游产业融合发展的耦合协调程度存在空间聚集特征，但是并未指明哪些空间单元在空间上是聚集的，没有反映各区域局部空间集聚程度，因此使用局部 Moran's I 指数对耦合协调程度进行局部自相关分析，弥补全局 Moran's I 检验过于笼统的缺点，并借助 LISA 显著性检验来反映其显著程度。

从图 5－4 四分位图可以看出，中国航空与旅游产业融合发展的耦合协调程度自西向东依次递减，大部分地区的耦合协调程度都较低，东部地区的耦合协调水平普遍高于中、西部地区，而西部地区与全国平均水平相差较大，这主要是受交通区位、资源禀赋和经济发展水平等各方面的影响。从图 5－4 局部 Moran's I 散点图中可以看出，高—高型和低—低型包含了大多数地区，其中高—高型关联区域包括北京、上海、天津、江苏、浙江、海南 6 个东部沿海省份，这些地区普遍经济发展水平较高，工业基础较好，航空产业发展迅速，同时作为中国国际旅游市场的门户，入境客流量也主要分布在这些地区，尤其这些地区的旅游资源种类也较为丰富，加上政府部门的强力推动，使得这些地区的两大产业融合快速推进，效果显著，又彼此临近，产生很强的溢出效应，成为拉动区域发展的重要增长

极。低—低型关联区域包括黑龙江、吉林、辽宁、山西、河南、湖北、湖
南、云南、贵州、重庆、陕西、宁夏、甘肃、青海、内蒙古、新疆、西藏
17 个省份，几乎涵盖了中国中西部的绝大部分地区，说明中国航空与旅游
产业的融合水平整体上偏低，仍然处于起步阶段。低—高型关联区域包括
河北、安徽、江西、福建、广西 5 个省份，这些地区自身耦合协调程度不
高，周围是高—高型区域。以河北省为例，周围有北京、天津、山东等协
调程度高的地区，但是却没有受到好的正向效应，反而因为本区域的资
本、人才、设施等流向发达地区，造成本区域两个产业发展缓慢，耦合协
调程度不高。高—低型关联区域包括广东、四川、山东 3 个省份，其自身
耦合协调程度较高，但是周围是耦合协调程度低的地区，成为区域的孤
岛，无法像高—高型地区一样与周边地区实现强强联合，相互促进。

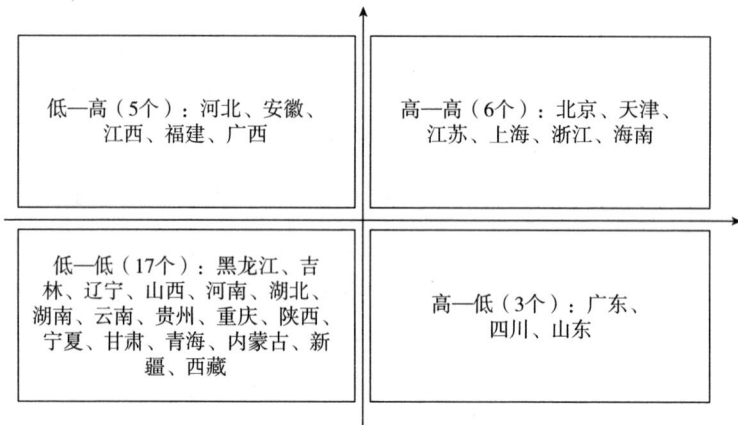

低—高（5个）：河北、安徽、
江西、福建、广西

高—高（6个）：北京、天津、
江苏、上海、浙江、海南

低—低（17个）：黑龙江、吉
林、辽宁、山西、河南、湖北、
湖南、云南、贵州、重庆、陕西、
宁夏、甘肃、青海、内蒙古、新
疆、西藏

高—低（3个）：广东、
四川、山东

图 5 - 4　2017 年局部 Moran's I 散点图

2017 年通过 LISA 显著性检验的有江苏、陕西、四川、新疆、内蒙古 5
个省份，高—高型关联地区中只有江苏通过了显著性检验，显著性水平为
0.05，与其他高—高型关联地区相比，江苏带动其他地区发展的机会更
大，能更好地发挥区域增长极的作用。低—低型关联地区中陕西、内蒙
古、新疆 3 个省份通过了显著性检验，其中陕西的显著性水平为 0.05，内
蒙古和新疆的显著性水平为 0.01，这些地区的航空与旅游产业耦合协调程

度不高，但是也不是最低，由于其周围也是耦合协调程度不高的地区，导致其与耦合协调程度高的地区交流存在地理障碍，发展受限。高—低型关联地区通过显著性检验的只有四川，显著性水平为0.01，同为高—低型地区的广东和山东均未通过显著性检验，不同之处在于广东和山东的耦合协调程度较高，但是其周边的湖南、广西、江西、福建以及河北、河南、安徽的耦合协调程度也没有很低，差距不大，不像四川的耦合协调程度较高，但是其周围的西藏、青海、甘肃等地区的耦合协调程度都比较低，形成差距明显的关联局势。低—高型关联地区均未通过显著性检验，原因在于这些地区大多处于耦合协调程度较高和耦合协调程度较低地区的中间，属于全国航空与旅游产业融合发展的过渡地区，虽然紧邻耦合协调程度高的地区，但是其并未享受到较多的溢出效应，也不具备带动其他地区发展的能力，而这些地区是未来两产业融合发展的重点推进地区。

（三）空间计量检验与分析

空间相关分析虽然可以定量证明中国航空与旅游产业耦合协调水平的空间相关性，但对造成航空与旅游产业耦合协调水平聚集行为的影响因素和形成原因未能作出定量分析。为此，我们采用空间计量经济分析法，对中国航空与旅游产业耦合协调水平聚集成因进行空间计量检验与分析，估计结果如表5-4所示。

表5-4　OLS、SLM和SEM模型估计结果

	OLS		SLM		SEM	
	Coefficient (t – Statistic)	P	Coefficient (t – Statistic)	P	Coefficient (t – Statistic)	P
Pegdp	0.2257 *** (2.8376)	0.0089	0.2195 *** (3.0277)	0.0025	0.1675 *** (2.7287)	0.0064
Hirail	- 0.0064 (- 0.6499)	0.5217	- 0.0046 (- 0.4958)	0.6200	- 0.0072 (- 0.6849)	0.4934

续表

	OLS		SLM		SEM	
	Coefficient (t – Statistic)	P	Coefficient (t – Statistic)	P	Coefficient (t – Statistic)	P
Inves	−0. 1044 ** (−2. 6722)	0. 0131	−0. 1060 *** (−3. 0278)	0. 0025	−0. 1162 *** (−4. 2806)	0. 0000
Urban	0. 1121 (0. 8544)	0. 4010	0. 1073 (1. 5827)	0. 1135	0. 0640 (0. 6397)	0. 5224
Indus	0. 2242 ** (2. 1771)	0. 0391	0. 0024 (0. 9069)	0. 3645	0. 2518 *** (3. 3577)	0. 0008
ρ/λ	—	—	0. 0640 (0. 3558)	0. 7220	0. 5923 (3. 6381)	0. 0003
R^2	0. 7929	—	0. 7936	—	0. 8370	—
Adj. R^2	0. 7515	—	—	—	—	—
F	19. 1429	—	—	—	—	—
LogL	45. 1363	—	45. 1775	—	47. 3168	—
AIC	−78. 2726	—	−76. 3551	—	−82. 6336	—
SC	−69. 6687	—	−66. 3172	—	−74. 0297	—
LR	—	—	0. 0825	0. 7739	4. 3610	0. 0368
空间依赖性检验	MI/DF	—	—	—	—	—
LMLAG	1	0. 2341	—	—	—	—
R – LMLAG	1	0. 0196	—	—	—	—
LMERR	1	0. 4953	—	—	—	—
R – LMERR	1	0. 0339	—	—	—	—
Lagrange Multiplier	2	0. 0520	—	—	—	—
(SARMA)	—	—	—	—	—	—

注：*** 、** 、* 分别表示在1%、5%、10%水平上显著。

由表 5-4 的 OLS 回归结果可知，人均 GDP、城镇化率和第三产业比重的回归系数符号均为正，其中人均 GDP 和第三产业比重分别通过了 1%、5% 的变量显著性检验，城镇化率未通过显著性检验。而高铁密度和人均固定资产投资的回归系数符号为负，且只有人均固定资产投资通过了 1% 的变量显著性检验。同时调整后的模型拟合优度为 75.15%，表明本书所选的变量对航空与旅游产业耦合协调水平空间分布问题的解释能力较高。实际上，空间统计的 Moran's I 指数检验已经证明了中国航空与旅游产业的耦合协调水平存在空间自相关性，为了区分这种是内生的空间滞后还是空间误差自相关，由拉格朗日乘子误差和滞后及其稳健性检验可以看到，R-LMLAG 在 1.9% 水平上显著，高于 R-LMERR 在 3.3% 水平上的显著性，但是 SEM 模型拟合优度检验值为 83.70%，高于 SLM 模型的 79.36% 和 OLS 模型的 75.15%，同时，对比对数似然函数值 LogL、AIC 和 SC 值，SEM 模型的 LogL 值（47.3168）最大，似然比率 LR 值（0.0368）最小，因此 SEM 模型是最优模型。

另外，SLM 的 ρ 未通过 5% 的显著性检验，表明航空与旅游产业耦合协调在省域之间虽然未形成空间扩散（溢出）效应。而 SEM 的参数 λ 通过了 1% 的显著性检验，表明航空与旅游产业耦合协调在省域之间存在较强的空间依赖作用，即存在空间上的相互影响。

由 SEM 模型可知，高铁密度和城镇化率未能通过 5% 水平下的显著性检验，表明高铁密度和城镇化率对航空与旅游产业耦合协调的贡献不明显，而人均 GDP、人均固定资产投资和第三产业比重都通过了 1% 水平下的显著性检验，表明对两产业耦合协调发展的影响是稳健的，其中，人均 GDP 每增长 1%，对两产业耦合协调发展就有 0.17% 的贡献，第三产业比重每增长 1%，对两产业耦合协调发展就有 0.25% 的贡献，而人均固定资产投资每增长 1%，对两产业耦合协调发展有 0.12% 的负向贡献，人均固定资产投资越高，说明一个地区的经济水平还不够高，社会固定资产投资未能对两产业耦合协调发展起到正向促进作用。

五、研究结论与政策启示

（一）研究结论

基于以上对中国 2017 年各地区航空与旅游产业耦合协调发展的实证研究，可以得出以下几条基本结论：①中国航空、旅游产业发展的不平衡、不协调问题仍比较突出，尤其是中、西部地区较为严重，且旅游产业发展水平普遍优于航空产业发展水平。两个产业发展在空间上表现出明显的阶梯化特征，由东向西逐渐递减，总体水平都有待提升。两个产业耦合协调度指数较高的地区也集中在沿海省份，空间上与两个子系统发展存在较强的一致性，表现出集群化和阶梯化的特征。②2017 年中国航空与旅游产业耦合协调发展程度的 Moran's I 值为 0.266203，且在 99% 置信水平下通过检验，在空间上具有正向相关性。呈现出明显的高—高集聚和低—低集聚的空间关联特征。高—高型集聚区域主要集中在京津冀和长江三角洲等经济发展水平较高的沿海地区，而低—低型集聚区域则分布广泛，涵盖了中、西部绝大部分地区。高—低型集聚区域和低—高型集聚区域数量少，穿插分布在高—高型和低—低型集聚区域之间。③中国航空与旅游产业耦合协调发展未形成空间溢出效应，但是存在较强的空间依赖作用。人均 GDP、城镇化率和第三产业比重对两个产业耦合协调发展具有正向促进作用，而人均固定资产投资和高铁密度对两个产业耦合协调发展具有负向作用。提高人均 GDP、城镇化率和第三产业比重对地区航空与旅游产业耦合协调发展具有重要意义。

（二）政策启示

本书的结论可以带来如下政策启示：

1. 加快设施建设

航空旅游处于发展初期，面临保障能力不足、盈利能力弱等问题，需要加强市场引导，加大对基础设施投资力度。鼓励各地区发展低空旅游、建设通用机场，同时推动通信、导航、空管、航油等配套设施建设。加强引导，统筹考虑景区机场在机场网络中的功能、定位，合理确定机场建设等级和规模。加大高速、国道、省道改造力度，提高旅游干道公路、重要景区公路和旅游村寨公路建设标准，提升旅游的可入性，同时加快重点景区内部道路和停车场系统建设，发展景区出租汽车、延伸公汽站点、组建旅游车队、高铁站零换乘等措施。

2. 推动联合营销

在深度融合过程中，航空与旅游产业应以市场开放、客源互送、优势互补、合作共赢为原则，共同形成深度的垂直产业链，推动联合营销。开发多样化航空旅游产品，加快建立互利互惠的联动机制，面向广大国内外旅游市场，不断开发推出休闲度假、康体运动、户外探险和空中游览等多样化的航空旅游产品。创新航旅结合产品开发模式，定期开展航空旅游数据交换及信息发布，推动航空、旅游与现代服务业的深度融合。

3. 强化内外协作

在国家"一带一路"倡议下，航空与旅游产业更应该尽快实现政策上的协同，从而与"一带一路"沿线国家建立协同、高效的政策机制。完善政府内部工作机制，民航局、旅游部门等加强协作，建立健全促进航空与旅游融合发展重大问题协调推进机制，形成分工明确、协同联动的工作机制。加大投融资力度，形成多元化航空旅游发展投融资格局，积极探索采取基础设施特许经营、政府购买服务、政府和社会资本合作（PPP）等模式。

第六章
中国民航客运对入境旅游流影响的异质性及空间效应

本章以中国31个省级行政区为研究单元，使用 ESDA 和空间面板计量模型，探究 2008～2017 年民航客运与入境旅游流的时空关联特征及入境旅游流的空间集聚特征，分析民航客运对入境旅游流影响的异质性及空间效应。研究发现：①民航客运与入境旅游流在时间维度上具有趋势一致性和统计相关性。民航客运分布格局基本稳定，但总入境旅游流的空间扩散具有高民航客运量指向性。②空间自相关检验表明，入境旅游流存在空间集聚特征。③空间面板计量模型估计结果显示，民航客运对入境旅游流具有正向的直接效应和负向的空间溢出效应，其中对外国入境旅游流的效应更大。区域间应加强境外航线拓展、枢纽机场建设、旅游营销等方面的合作，推动民航客运与入境旅游融合发展。

一、文献回顾

入境旅游和出境旅游对促进国际贸易平衡具有积极作用，但近年来中国入境旅游和出境旅游发展的不协调性日益突出。2018 年中国公民出境旅游人次为14972 万，比上年同期增长 14.7%，而入境旅游人次为14120万，仅比上年同期增长 1.2%。尽管国内高质量旅游资源和优质旅游服务供给不足是形成入境旅游和出境旅游发展不协调的主要因素，但推动民航客运与入境旅游融合发展在促进入境旅游和出境旅游协调发展中具有基础性和先导性作用。因为入境游客受特定旅游时间和空间尺度的局限更大，会更加注重最大化时间比和旅游效益最大化，而民航运输具有时间和速度优势，提升了入境旅游的便捷化水平和旅游交通品质，可以更好地满足入境游客的入境需求。入境游客不仅在入境时依赖民航客运，而且入境后在地区间的流动也对民航客运有较大的依赖性。因此，深入研究民航客运对入境旅游流的影响有助于进一步推动民航客运与入境旅游融合发展，从而为促进入境旅游和出境旅游协调发展以及旅游业高质量发展注入新的动力。

20世纪90年代，国内外对入境旅游流的研究逐渐兴起，关于交通对入境旅游流影响的研究成果也日益丰富。国内外许多学者研究了公路和铁路等交通条件对入境旅游流的影响。与此同时，民航客运对入境旅游流的影响也受到普遍关注。就民航客运对入境旅游流的影响而言，现有研究主要集中在民航客运对入境旅游流的影响效应和作用机制以及民航客运与入境旅游流的统计相关关系和网络结构关联等方面。民航客运对入境旅游流的影响效应和作用机制是国外学者关注的主要领域。一些学者认为民航客运对吸引入境旅游流具有积极效应，Khadaro等基于引力模型研究了28个国家之间双边入境旅游，结果表明民航客运对吸引入境旅游流具有显著的促进作用，而且这种影响的大小与入境旅游者的客源地和目的地相关。但也有学者认为民航客运促进入境旅游发展的观点值得商榷。还有学者研究了民航客运影响入境旅游流的作用机制，研究表明通过提升机场运输能力和降低民航客运价格可以吸引入境游客。相较于国外，国内学者则主要从民航客运与入境旅游流的统计相关关系和网络结构关联两个方面进行深入研究。周芳如等指出中国主要入境旅游城市的民航客运通达性水平比铁路客运通达性水平更高。王永明等进一步指出民航客运发展水平不仅会对入境游客的目的地选择造成影响，还会影响入境旅游流在省域间的转移。其他学者的研究还表明国际航线数量、国际航线里程以及民航客运量与入境旅游流和入境旅游收入在统计上存在相关关系。吴晋峰等认为民航客运与入境旅游流存在相关性，而这种相关性的深层次原因在于二者的空间网络结构存在耦合，并揭示了两个网络的耦合特征，其他学者也进行了类似的研究。吴晋峰等进一步指出中国入境旅游流的空间组织模式、客源国结构和规模都会受到民航客运网络的影响。

综上所述，现有文献对民航客运与入境旅游流的关系进行了深入研究，但还有拓展的空间。首先，在分析维度上，已有成果主要从时间维度分析民航客运与入境旅游流的关联特征，而对空间维度重视不够，对中国民航客运与入境旅游流时空关联特征的综合分析还不充分。其次，在研究内容上，现有研究表明民航客运对促进入境旅游发展具有积极作用，并从多个空间维度对二者的统计相关关系和关联机制进行了探讨，但在民航客运对入境旅游流影响的空间效应方面还需要深入分析。最后，在研究方法上，已有研究主要利用时间序列分析和面板计量模型等方法分析民航客运与入境旅游流之间的关系，而使用空间面板计量模型分析民航客运对入境旅游流影响的研究还较少。因此，本书将在深入分析民航客运和入境旅游流时空关联特征以及入境旅游流空间集聚特征的基础上，构建空间面板计量模型进一步分析民航客运对入境旅游流影响的异质性及空间效应，从而为推动民航客运与入境旅游融合发展提供路径参考。

二、研究方法与数据来源

（一）探索性空间数据分析

本书将使用全局 Moran's I 指数和局部 Moran's I 指数分析入境旅游流的空间集聚模式。全局 Moran's I 指数可从全域层面揭示入境旅游流的空间相关性，其数学表达式为：

$$I = \frac{n \sum\limits_{i=1}^{n} \sum\limits_{j=1}^{n} W_{ij}(x_i - \overline{x})(x_j - \overline{x})}{\sum\limits_{i=1}^{n} \sum\limits_{j=1}^{n} W_{ij} \sum\limits_{i=1}^{n} (x_i - \overline{x})^2} \tag{6-1}$$

式中，n 为空间单元数量，取 31。W_{ij} 为空间权重矩阵，可通过相邻关系和空间距离进行设定。考虑到中国各省级行政区面积较大，故使用相邻关系表达的空间权重矩阵刻画入境游客长距离迁移的空间行为。若两个空间单元相邻，则 W_{ij} 取值为 1，否则为 0。x_i 与 x_j 分别为 i 区域和 j 区域在某一年份的入境旅游流观测值，$\overline{x}$ 为对应年份入境旅游流观测值的样本均值。全局 Moran's I 指数介于 -1 到 1 之间，小于 0 说明入境旅游流在全国存在负向的空间相关，等于 0 说明入境旅游流在全国是随机分布的，大于 0 说明入境旅游流在全国存在正向的空间相关。

局部 Moran's I 指数可以进一步揭示入境旅游流在局部区域的空间分异特征，其数学表达式为：

$$I = \frac{(x_i - \overline{x}) \sum\limits_{j=1}^{n} W_{ij}(x_j - \overline{x})}{\frac{1}{n} \sum\limits_{i=1}^{n} (x_i - \overline{x})^2} \tag{6-2}$$

式（6-2）中变量的含义与式（6-1）相同。局部 Moran's I 指数大于 0 说明相似的空间单元集聚，小于 0 表示不同的空间单元集聚。局部区域的空间分异可用 LISA 聚类表示，高—高表示入境旅游流高值区集聚，低—高表示入境旅游流低值区被入境旅游流高值区环绕，低—低表示入境旅游流低值区集聚，高—低表示入境旅游流高值区被入境旅游流低值区环绕。

（二）空间面板计量模型

传统的面板计量模型没有考虑变量的空间相关性，所以得出的参数估计结果可能是有偏的。而空间面板计量模型将变量的空间相关性进行定量表达，并将其纳入模型中，从而可以求得更准确的参数估计结果以及民航客运对入境旅游流影响的空间效应。

本书涉及三种空间面板计量模型。一是空间滞后模型（SLM 或 SAR），该模型刻画了入境旅游流的空间滞后效应，公式如下：

$$Y_{it} = \delta WY_{it} + X_{it}\beta + \mu_i + \eta_t + \varepsilon_{it} \qquad (6-3)$$

式中，Y_{it}表示 2008~2017 年 31 个省级行政区的入境旅游流。W 为经过行标准化处理的 31×31 方阵，WY_{it} 为入境旅游流的空间滞后变量，δ 为刻画入境旅游流空间滞后效应大小和方向的空间自回归系数。X_{it} 为核心解释变量和控制变量，β 为相应的估计参数。μ_i 为个体效应，η_t 为时间效应。ε_{it} 为误差项。

二是空间误差模型（SEM），该模型考虑了误差项的空间滞后效应，公式如下：

$$Y_{it} = X_{it} + \mu_i + \eta_t + v_{it}$$
$$v_{it} = \lambda W v_{it} + \varepsilon_{it} \qquad (6-4)$$

式中，v_{it} 表示存在空间相关性的误差项，Wv_{it} 为误差项的空间滞后变量，λ 为空间自相关系数，刻画误差项空间滞后效应的大小和方向。其他字母含义与式（6-3）相同。

三是同时包含解释变量和被解释变量空间滞后效应的空间杜宾模型（SDM），公式如下：

$$Y_{it} = \delta WY_{it} + X_{it}\beta + WX_{it}\gamma + \mu_i + \eta_t + \varepsilon_{it} \qquad (6-5)$$

式中，WX_{it} 为核心解释变量和控制变量的空间滞后项，γ 为其估计参数。其他字母含义与式（6-3）相同。

由空间面板计量模型估计得到的参数并不是真实的偏回归系数，所以需要对空间效应进行分解。分解得到的直接效应表示空间单元对其自身的影响，间接效应则为空间单元对其邻居的影响，即空间溢出效应。直接效应和间接效应之和为总效应。

（三）变量选取

1. 被解释变量

选取的被解释变量分别为总入境旅游流、外国入境旅游流和港澳台入境旅游流,具体指标分别为入境旅游总人次(lnIF)、外国入境旅游人次(lnFF)和港澳台入境旅游人次(lnHF)。将总入境旅游流分为外国入境旅游流和港澳台入境旅游流两个部分可以探究民航客运对入境旅游流影响的异质性(见表6-1)。

表6-1　变量汇总

变量类型	变量名称	具体指标	指标符号	指标单位	预期方向
被解释变量	总入境旅游流	入境旅游总人次	lnIF	人次	—
	外国入境旅游流	外国入境旅游人次	lnFF	人次	—
	港澳台入境旅游流	港澳台入境旅游人次	lnHF	人次	—
核心解释变量	民航客运	民航客运量	lnPa	人次	正向
控制变量	经济发展水平	人均GDP	lnPgdp	元(人民币)/人	正向
	经济外向性	实际利用外商直接投资额	lnFdi	元(人民币)	正向
	国内市场效应	国内旅游人次	lnDom	人次	正向
	产业结构转变	产业结构升级系数	lnStr	—	正向
	政府扶持力度	公共财政支出与GDP之比	lnGov	—	正向
	旅游资源禀赋	5A级旅游景区(点)数量	Res	个	正向
	旅游服务水平	旅游业从业人员数	lnSer	人	正向
	交通通达性	铁路客运量	lnRail	人次	正向

2. 核心解释变量

选取民航客运为核心解释变量,具体指标为民航客运量(lnPa)。受到数据收集的限制,只考虑了以境内客流为主体的民航客运量对入境旅游流的影响,而没有将更具解释力的境外航线连通性和民航入境客流量纳入模型中。但在通常情况下,机场的民航客运量与境外航线数量呈正相关,因为民航客运量达到一定规模后,机场运营部门会积极拓展境外航线,以优化航线布局,进而扩大机场辐射范围。因此,民航客运量(lnPa)在一定程度上也可以体现境外航线的连通性水平(见表6-1)。

3. 控制变量

在既有研究成果的基础上,结合民航客运对入境旅游流的影响机制,选取以下控制变量（见表 6 - 1）。①经济发展水平。具体指标为人均 GDP（lnPgdp）。经济发展水平越高，其旅游基础设施也更完备，国际影响力也越大，对入境旅游流的吸引力也越大。②经济外向性。实际利用外商直接投资额是地区经济外向性的重要表现，所以选取实际利用外商直接投资额（lnFdi）为具体指标。经济外向度越高，旅游地和境外联系也更紧密，入境旅游流规模也越大。③国内市场效应。国内旅游市场占有率较高的区域，说明其旅游服务水平和接待能力较高，会对入境旅游流产生吸引力。所以选取国内旅游人次（lnDom）表征国内市场效应。④产业结构转变。旅游业是一个综合性产业，产业结构转型升级可以提升旅游业的总体发展质量，进而对入境游客产生更大的吸引力。产业结构转变可用产业结构升级系数（lnStr）衡量，其公式为：STR = R1 × 1 + R2 × 2 + R3 × 3，其中 R1、R2、R3 分别为第一、第二、第三产业产值占三个产业总产值的比重。⑤政府扶持力度。政府可从需求刺激、资源供给、旅游营销等方面对入境旅游产生重要影响，借鉴张建辉等的研究，采用地方公共财政支出与 GDP 之比（lnGov）衡量政府的扶持力度。⑥旅游资源禀赋。由于入境旅游者消费水平较高，追求最大化时间比和旅游效益最大化，所以会优先选择旅游资源禀赋较好的区域。因此，高质量旅游资源越多，对入境旅游者的吸引也越大。具体指标为 5A 级旅游景区（点）数量（Res）。⑦旅游服务水平。良好的服务水平对提升旅游体验和游客回访率至关重要。选取旅游业从业人员数（lnSer）表示旅游服务水平。⑧交通通达性。这是影响旅游体验和区域可进入性的重要因素。虽然公路和内河航道等交通条件都是衡量交通发展水平的重要指标，但就入境游客而言，铁路和民航是其进行远距离迁移的主要交通方式，所以用铁路客运量（lnRail）表征除民航客运之外的交通通达性。现有研究表明高铁会对入境旅游产生影响，而且会对民航客运产生替代效应。但受到数据条件的限制，未能单独考察高铁的影响效应。此外，由于旅游业是一个综合性较强和相对敏感的产业，容易受到空气质量和突发事件的影响，但考虑数据的可得性等因素，没有将这些因素纳入研究范围中。

（四）研究区域与数据来源

本书以中国 31 个省级行政区 2008 ~ 2017 年的民航客运量和入境旅游人次为主要数据样本，分析民航客运对入境旅游流影响的异质性及空间效应。研究数据主要来源于历年《民航生产统计公报》、《中国旅游年鉴》、《中国统计年鉴》以及各地区历年《国民经济和社会发展统计公报》等统计资料。对数据的缺失值采用移动平均法进行了补充。为了降低异方差性及减少变量波动，在计算中对数据进行了对数化处理。对价值型指标采用各地区历年的 GDP 指数进行了平减，转换成以 2008 年为基期的不变价。

三、民航客运和入境旅游流的时空关联

民航客运与入境旅游流相互影响、相互制约，二者存在密切的时空关联。以下将分析民航客运与入境旅游流的时空关联特征，从而为后续的空间自相关检验和空间面板计量模型设定奠定基础。

（一）民航客运与入境旅游流的时间关联特征

研究期内，中国民航客运与入境旅游流具有明显的时间关联特征（见图 6 - 1）。2008 ~ 2012 年，民航客运保持稳步增长势头，总入境旅游流、外国入境旅游流以及港澳台入境旅游流均与民航客运保持同步增长趋势。但受到国内外经济形势和国际关系特别是雾霾的影响，总入境旅游流、外国入境旅游流和港澳台入境旅游流在 2013 年出现了负增长，没有与民航客运保持同步。随着国内外形势的好转，2014 年后入境旅游流又以较快的速度与民航客运保持同步增长。

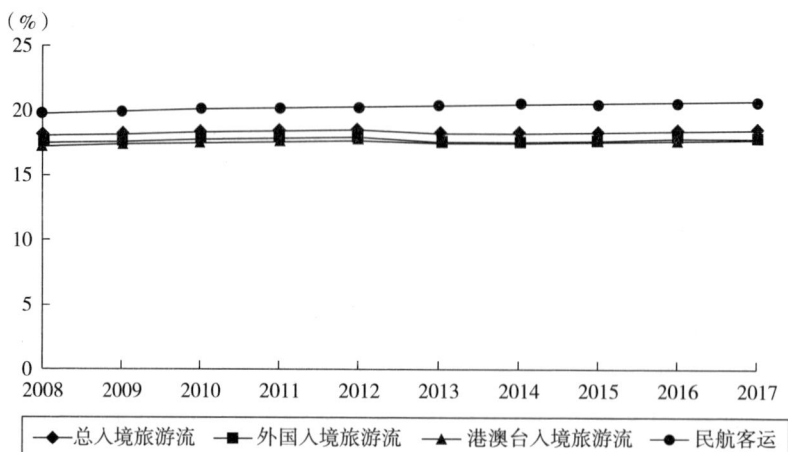

图 6 - 1   2008 ~ 2017 年中国入境旅游流与民航客运变化趋势

注：民航客运和入境旅游流数据为取对数之后的值。

民航客运与入境旅游流不仅在时间上具有相似的变化趋势，在统计上也存在较强的相关性。使用 Stata15.0 分别计算中国 2008 ~ 2017 年民航客运与总入境旅游流、外国入境旅游流和港澳台入境旅游流的皮尔森相关系数（见图 6 - 1）。结果表明，10 年来，民航客运和总入境旅游流的相关系数为 0.7021，通过了 5% 的显著性检验；民航客运与外国入境旅游流的相关系数为 0.5809，在 10% 水平上显著；民航客运与港澳台入境旅游流的相关系数为 0.8046，显著性水平为 1%。按照相关性界定标准，0.4 及以上为中等程度相关，所以民航客运与入境旅游流在统计上存在较强的相关性，并且民航客运与港澳台入境旅游流的相关性更大。

（二）民航客运与入境旅游流的空间关联特征

为揭示民航客运和入境旅游流的空间关联特征，使用 Arcgis10.2 对 2008 年、2013 年、2017 年 3 年的民航客运和入境旅游流进行空间可视化。

从全国看，民航客运存在空间集聚和地域分异现象。首先，民航客运主要分布在胡焕庸线右侧。民航客运高值区集中于中部和东部，西北较少，且这种分布格局具有时空稳定性。这说明中国民航客运与自然地理环境、人口分布和区域经济社会发展水平等因素存在长期的地域耦合。其次，民航客运由东向西呈驼峰状分布，这种分布格局也具有时空稳定性。东部沿海及四川、重庆、陕西和云南等西部地区为民航客运高值区，而河北、山西、河南、湖北、湖南、安徽、江西、贵州、广西、内蒙古、青海和新疆等地区为民航客运低值区，高值区和低值区自北向南呈带状分布。从省级行政区看，北京、上海、广东一直是中国民航客运的三大高值区，说明中国民航客运存在由东部沿海向内陆辐射的核心—边缘结构；虽然在研究期内许多中、西部省份的民航客运量得到了提升，但民航客运格局并未发生根本性变化。

从全国看，总入境旅游流呈现东南—西北格局和由沿海沿边向内陆扩散的趋势。首先，总入境旅游流主要分布在胡焕庸线右侧，表明在全国层面上总入境旅游流与民航客运存在空间关联。其次，总入境旅游流呈现由沿海沿边向内陆扩散的趋势，而且这种扩散趋势具有高民航客运量指向性，即总入境旅游流由沿海沿边向内陆的民航客运高值区扩散。初期，内陆省份的旅游景区品质和可达性不高，对入境旅游流的吸引力较弱，内陆省份为总入境旅游流低值区。随着中、西部经济社会水平的发展，各地区在旅游基础设施，特别是民航机场设施建设方面取得了巨大成效，提升了旅游景区的快速可达性，推动总入境旅游流向内陆的民航客运高值区扩散。从省域层面看，民航客运高值区与总入境旅游流高值区基本对应，所以二者在省域层面也存在空间关联。

为进一步分析民航客运与入境旅游流空间关联的异质性，从外国入境旅游流和港澳台入境旅游流两个方面进行对比分析。从静态分布格局看，外国入境旅游流和港澳台入境旅游流主要分布在胡焕庸线右侧，但外国入境旅游流的空间分布范围更大，而港澳台入境旅游流主要分布于东南沿海。从分布格局的空间演变看，港澳台入境旅游流具有从东南沿海向内陆扩散的趋势，而外国入境旅游流则从沿海沿边向内陆扩散。从与民航客运的空间关联看，外国入境旅游流与民航客运的空间关联更强，表明外国入境旅游流对民航客运的依赖性更大。因为外国游客入境旅游是一种空间尺度更大的地域联系,受到特定旅游时间的局限性更大,而民航客运可以使外国入境游客的旅游效益最大化。需要进一步说明的是,外国入境旅游流与民航客运空间关联性更强的结论似乎和上文中民航客运与港澳台入境旅游流统计相关性更强的结论是矛盾的,但这种矛盾可能并不成立。因为民航客运与港澳台入境旅游流只在统计意义上具有强相关性,而且香港、澳门和台湾离大陆较近,可以选择船舶和汽车等交通方式入境,所以民航客运与港澳台入境旅游流在现实中的相关性可能并不强。这说明从时间和空间两个维度综合分析民航客运与入境旅游流关联特征的必要性。

四、入境旅游流的空间自相关

在上述分析的基础上,使用 Geoda 软件进一步分析 2008~2017 年中国 31 个省级行政区入境旅游流的全局自相关和局部自相关,为构建空间面板计量模型提供依据。

(一) 入境旅游流的全局自相关

如表 6-2 所示,从总入境旅游流看,其 Moran's I 指数值均为正值,呈先增后减的倒 U 形变化,且在 5% 水平上显著。这表明在全国范围内总入境旅游流具有显著的空间正相关性,即入境旅游流高值区在空间上邻近,入境旅游流低值区在空间上邻近,而且空间相关性呈先减少后增大的变化趋势。从外国入境旅游流和港澳台入境旅游流看,二者的 Moran's I 指数也均为正值,在研究期内波动变化,且都在 10% 水平上显著,其中港澳台入境旅游流在 1% 水平上高度显著,说明外国入境旅游流和港澳台入境旅游流在全国层面存在正空间相关性。历年港澳台入境旅游流的 Moran's I

指数均大于外国入境旅游流和总入境旅游流，说明在全域范围内港澳台入境旅游流的空间相关性更强，这与上文的空间分布特征分析对应。

表 6-2　2008~2017 年中国入境旅游流的全局 Moran's I 指数统计值

年份	IF	FF	HF
2008	0.3386 *** (3.2934)	0.3044 *** (2.8972)	0.4795 *** (4.3660)
2009	0.3478 *** (3.3792)	0.2986 *** (2.8476)	0.5147 *** (4.6060)
2010	0.3369 *** (3.2935)	0.2792 *** (2.6902)	0.5159 *** (4.5944)
2011	0.3109 *** (3.0717)	0.2515 ** (2.4560)	0.4866 *** (4.3521)
2012	0.3033 *** (3.0105)	0.2490 ** (2.4318)	0.4466 *** (4.0459)
2013	0.2389 ** (2.4324)	0.1601 * (1.6611)	0.4446 *** (3.9746)
2014	0.2756 *** (2.6692)	0.1933 ** (1.9327)	0.4949 *** (4.3709)
2015	0.3939 *** (3.7582)	0.3560 *** (3.2701)	0.5132 *** (4.5909)
2016	0.2793 *** (2.7466)	0.1900 ** (1.8776)	0.4970 *** (4.3849)
2017	0.2623 ** (2.5840)	0.1651 * (1.6533)	0.4796 *** (4.2486)

注：***、** 和 * 分别表示参数在 0.01、0.05 和 0.10 水平下显著；括号内数字是参数对应的 z 统计量。

（二）入境旅游流的局部自相关

在全局自相关分析的基础上，使用局部 Moran's I 指数进一步探究入境旅游流的空间集聚模式，并通过 LISA 聚类分析集聚模式的时空演变。

选取 2008 年、2013 年和 2017 年 3 年的 LISA 聚类进行分析。

如表 6 - 3 所示，总入境旅游流的低水平均衡和洼地型集聚模式正在被高水平均衡和中心—外围模式所取代，显著的高—高型和高—低型集聚有增多的趋势，而低—低型和低—高型集聚有减少的趋势。具体来看，高—高型集聚主要分布在江苏、福建等东部沿海地区，并且还有向浙江和江西等周边扩散的趋势。初期，江西和海南呈显著的低—高型集聚，主要是因为二者与福建和广东等旅游大省相邻，但随着旅游基础设施的完善，江西由低—高型转变为了高—高型。低—低型集聚主要位于新疆、青海、甘肃和四川等西部地区，但是随着开放程度的提升，四川已由低—低型转变为了高—低型。高—低型集聚主要为陕西、四川、内蒙古等西部地区，并且有进一步增多的趋势。

表 6 - 3　中国入境旅游流的 LISA 聚类

年份	入境旅游流	高—高	低—高	低—低	高—低
2008	总入境旅游流	苏、闽	赣、琼	新、川、甘、青	陕
	外国入境旅游流	—	—	新、川、甘、青	苏
	港澳台入境旅游流	浙、闽、粤、桂、湘、赣、皖	琼	新、宁、甘、青、蒙	川、陕
2013	总入境旅游流	苏、闽	赣、琼	新、甘、青	川、蒙
	外国入境旅游流	—	赣、琼	新、甘、青	苏、川
	港澳台入境旅游流	浙、闽、粤、桂、湘、赣	琼	新、甘、青、蒙	川
2017	总入境旅游流	苏、浙、闽、赣	琼	新、甘、青	川、蒙
	外国入境旅游流	—	赣、琼	新、甘、青	苏、川、蒙
	港澳台入境旅游流	浙、闽、粤、桂、湘、鄂、赣	琼、黔	新、甘、青、蒙	川

注：31 个省级行政区使用简称表示，只列出了具有统计显著性的集聚模式。

外国入境旅游流的空间集聚模式正在由低水平均衡向中心—外围演变，低—低型集聚逐渐减少，高—低型集聚逐渐增加。具体而言，外国入境旅游流没有显著的高—高型集聚，说明其正向的空间溢出效应和区域间入境旅游合作还有待加强。高—低型集聚由四川、内蒙古和江苏构成。低—低型集聚位于新疆、甘肃和青海等西部地区，但是该类型集聚有向高—低型集聚演变的趋势，随着开放程度的提升和旅游基础设施建设的推进，四川已由低—低型转变为了高—低型。低—高型集聚包含江西和海南两个省份，这种集聚模式的分布具有时空稳定性。

港澳台入境旅游流的空间集聚模式呈现明显的东南—西北格局，具有时空稳定性。港澳台入境旅游流的高—高型集聚主要分布在东南沿海，呈集中连片分布，而高—低型和低—低型集聚主要分布在西部地区。具体来看，四川与其周边省份具有高—低型集聚模式，说明四川是港澳台旅游流在西部地区的集聚中心。低—低型集聚位于新疆、青海和甘肃等西北地区，具有减少的趋势，说明低水平均衡正在被打破。低—高型集聚包含贵州和海南两个省份，这是由于二者紧邻湖南、广西和广东等接待港澳台游客较多的省份。

以上分析表明，入境旅游流存在全局空间自相关，在局部存在显著的空间集聚模式，并且这些空间集聚模式在入境旅游流间具有异质性。因此，空间因素和异质性在分析民航客运对入境旅游流的影响时应该被考虑，所以下文将基于空间面板计量模型探究民航客运对入境旅游流影响的异质性及空间效应。

五、空间面板计量模型的估计结果及分析

（一）模型识别与检验

空间面板计量模型具有多种类型，需要通过一系列检验对其进行选择。选择思路是：先估计传统面板计量模型，并对固定效应类型以及 SLM 和 SEM 进行选择；接着估计 SDM，并检验其能否简化为 SLM 和 SEM。以下将基于 Matlab2018a 软件对以总入境旅游流为被解释变量的相关模型进

行估计和检验，以外国入境旅游流和港澳台入境旅游流为被解释变量的估计和检验与之类似。

1. 估计传统面板计量模型

由于研究单元为全样本范围，固定效应模型更合适，所以对固定效应模型进行检验和选择。如表6-4所示，从 LogL 和 R^2 看，固定效应模型较混合 OLS 更优，其中双重固定效应的 LogL 和 R^2 最大。但 LR 检验结果拒绝了无空间固定效应的原假设（估计值为106.8231，其中 P = 0.000），而没有拒绝无时间固定效应的原假设（估计值为2.9015，其中 P = 0.9836）。因此，空间面板计量模型中应考虑空间固定效应，而忽略时间固定效应。

表6-4　传统面板计量模型估计结果

变量	混合 OLS	空间固定效应	时间固定效应	双重固定效应
拟合优度（R^2）	0.6828	0.6837	0.6843	0.6864
调整后的 R^2	0.6733	0.6753	0.6760	0.6780
对数似然值（LogL）	−381.3009	−328.5054	−380.4662	−327.0547
LM – spatial lag	19.2188***	15.0156***	19.8686***	16.0644***
Robust LM – spatial lag	12.6399***	6.1171**	13.8116***	6.8938***
LM – spatial error	7.1857***	8.9320***	6.8980***	9.1817***
Robust LM – spatial error	0.6068	0.0335	0.8410	0.0111

注：***、**和*分别表示参数在0.01、0.05和0.10水平下显著。

如表6-4所示，从 LM 和 Robust LM 检验看，SLM 和 SEM 的 LM 统计值都在1%水平上显著。但 SEM 的 Robust LM 统计值没有通过显著性检验，而 SLM 的 Robust LM 统计量依然在5%水平上显著，说明在现有数据条件下构建计量模型应考虑空间因素的影响，而且 SLM 要优于 SEM。

2. 估计包含空间固定效应的 SDM，并进行 Wald 检验和 LR 检验

从表6-5可以看出，SLM 的 Wald 和 LR 统计量均不显著，说明 SDM可以简化为 SLM，SEM 的 Wald 和 LR 统计量均通过了显著性检验，表明SDM 不能简化为 SEM。由于 Wald 检验和 LR 检验及 LM 检验和 Robust – LM

检验均指向了空间滞后模型，所以对总入境旅游流而言，具有空间固定效应的空间滞后模型为最优模型。

表6-5　空间面板计量模型检验结果

检验方法	统计量	概率
Wald - spatial lag	10.9337	0.2803
LR - spatial lag	11.9543	0.2159
Wald - spatial error	15.8475	0.0701
LR - spatial error	17.0957	0.0472

（二）估计结果分析

下面将以总入境旅游流为被解释变量估计具有空间固定效应的空间滞后模型，同时为深入分析民航客运对入境旅游流影响的异质性，还将分别估计民航客运对外国入境旅游流和港澳台入境旅游流影响的空间面板计量模型。运用同样的模型选择方法对模型进行识别和检验，结果表明具有空间固定效应的空间滞后模型仍为民航客运对外国入境旅游流影响的最优模型，而具有空间固定效应的空间杜宾模型为民航客运对港澳台入境旅游流影响的最优模型（受篇幅所限，模型识别过程未报告）。具体估计结果如表6-6所示。

表6-6　入境旅游流的非空间面板空间固定效应模型和
空间面板固定效应模型估计结果

变量	OLS空间固定效应	SLM空间固定效应	OLS空间固定效应	SLM空间固定效应	OLS空间固定效应	SDM空间固定效应
	IF	IF	FF	FF	HF	HF
$\ln Pa$	0.8408 *** (5.2225)	0.8201 *** (4.7258)	0.8783 *** (4.9191)	0.8641 *** (4.3514)	0.7222 *** (1.5242)	0.7050 *** (0.9770)

续表

变量	OLS 空间固定效应	SLM 空间固定效应	OLS 空间固定效应	SLM 空间固定效应	OLS 空间固定效应	SDM 空间固定效应
	IF	IF	FF	FF	HF	HF
$\ln Pgdp$	1.6089 (1.0981)	1.9396 (1.3165)	1.4888 (0.9533)	1.7561 (1.1014)	1.9393 (1.1666)	2.7833 (1.2058)
$\ln Fdi$	−0.0353 (−0.3266)	−0.0252 (−0.2320)	0.0098 (0.0846)	0.0224 (0.1906)	−0.0766 (−0.6241)	−0.1163 (−0.8817)
$\ln Dom$	0.3894*** (7.9718)	0.3666*** (7.4439)	0.3007*** (5.7766)	0.2804*** (5.2713)	0.6346*** (11.4522)	0.6266*** (10.9972)
$\ln Str$	−1.9737 (−1.4527)	−2.33541* (−1.7090)	−1.9084 (−1.3179)	−2.2168 (−1.4991)	−1.9915 (−1.2920)	−1.8423 (−0.6940)
$\ln Gov$	−0.3946 (−0.9174)	−0.3998 (−0.9267)	−0.6459 (−1.4087)	−0.6565 (−1.4066)	0.3262 (0.6685)	0.5411 (0.9204)
Res	0.0458* (1.7342)	0.0464* (1.7532)	0.0555** (1.9717)	0.0585** (2.0423)	0.0141 (0.4698)	0.0363 (1.0640)
$\ln Ser$	−0.1416 (−0.7548)	−0.1406 (−0.7478)	−0.0902 (−0.4512)	−0.0886 (−0.4353)	−0.1902 (−0.8935)	−0.2189 (−0.8884)
$\ln Rail$	0.1939 (1.1530)	0.2482 (1.4672)	0.1047 (0.5844)	0.1393 (0.7617)	0.2923 (1.5320)	0.3844* (1.7620)
$W \times \ln Pa$	—	—	—	—	—	0.0909 (0.6075)
$W \times \ln Rgdp$	—	—	—	—	—	−3.7246 (−0.9962)
$W \times \ln Fdi$	—	—	—	—	—	−0.0208 (−0.0691)
$W \times \ln Dom$	—	—	—	—	—	0.0904 (0.6950)
$W \times \ln Str$	—	—	—	—	—	2.6765 (0.6687)
$W \times \ln Gov$	—	—	—	—	—	−0.6332 (−0.7412)

续表

变量	OLS 空间固定效应	SLM 空间固定效应	OLS 空间固定效应	SLM 空间固定效应	OLS 空间固定效应	SDM 空间固定效应
	IF	IF	FF	FF	HF	HF
$W \times Res$	—	—	—	—	—	− 0.0687 (− 1.4567)
$W \times \ln Ser$	—	—	—	—	—	− 0.1485 (0.3856)
$W \times \ln Rail$	—	—	—	—	—	− 0.1501 (0.2786)
R^2	0.6837	0.7900	0.6377	0.7386	0.6752	0.7994
Adj. R^2	0.6753	0.6896	0.6281	0.6421	0.6666	0.6847
σ^2	0.5021	0.5042	0.5704	0.5905	0.6463	0.6599
ρ	—	− 0.2640 *** (4.1363)	—	− 0.2090 *** (3.1371)	—	− 0.2060 *** (2.4295)

注：***、**和*分别表示参数在 0.01、0.05 和 0.10 水平下显著；括号内数字是参数对应的 t 统计量。

从核心解释变量来看，无论是基于传统面板计量模型还是空间面板计量模型，民航客运对总入境旅游流（二者的参数估计值分别为 0.8408 和 0.8201）、外国入境旅游流（二者的参数估计值分别为 0.8783 和 0.8641）和港澳台入境旅游流（二者的参数估计值分别为 0.7222 和 0.7050）均具有显著的正向影响，但是使用传统面板计量模型将会高估这种影响。还可以发现，空间自回归系数均为负值，通过了 1% 的显著性检验，表明在考虑民航客运等影响因素的条件下，入境旅游流在区域间存在负向的空间溢出效应。之所以呈现负向的空间溢出效应，是因为民航客运对入境旅游流具有显著的正向影响，即对于特定区域而言，其民航客运量越大，表明其民航客运也就越发达，对入境旅游流的吸纳能力也就越强，进而会使该区域的入境旅游流增加，周边区域的入境旅游流减少，所以最终会呈现负向的空间溢出效应。需要指出的是，下文对于空间效应的分解将进一步证明民航客运是造成入境旅游流具有负向空间溢出效应的重要因素。进一步分析可知,相较于总入境旅游流,外国入境旅游流对民航客运量的变化更为敏感,而港澳台入境旅游流对民航客运量的变化不敏感,主要是因为港澳台游客距离大陆较近,许多港澳台游客可以选择乘汽车和船舶入境,说明上文关于民航客运与港澳台入境旅游流统计相关性存在偏差的推断具有一定的合理性。

就控制变量而言,在考虑民航客运对入境旅游流的影响及入境旅游流空间效应的条件下,除了国内市场效应、产业结构升级和资源禀赋显著外,其余均不显著,而且个别参数估计方向也和预期有差异,充分说明了入境旅游业的综合性及影响因素的复杂性。具体来看,经济发展水平的影响是正向的,说明经济发展水平依然是影响入境旅游发展的基础条件,而且基于传统面板计量模型会低估这种影响。外商直接投资的影响存在异质性,其对总入境旅游流和港澳台入境旅游流存在负向影响,而对外国入境旅游流有正向促进作用。这说明提升对外开放水平依然可以吸引外国入境旅游流,但对港澳台入境旅游流有负向作用,一种可能的解释是港澳台入境游客的文化习俗与大陆相近,旅游信息来源更充分,影响其目的地选择的因素更加多元化。国内效应的影响显著为正,说明旅游业的国内旅游市场和入境旅游市场存在正向关联机制,但基于传统面板计量模型会高估这种影响。产业结构升级和旅游服务水平的影响和预期相反,说明产业结构升级和旅游业人力资源投入对入境旅游的正向效应还未充分显现。政府扶持力度的影响存在异质性,其对总入境旅游流和外国入境旅游流的影响为负,而对港澳台入境旅游流的影响为正,这与内地给港澳台同胞提供的同等化社会福利政策有关。资源禀赋具有正向影响,说明入境旅游流对高质量旅游资源的趋向性依然存在。铁路通达性的影响也为正,说明进一步提升旅游地的铁路可达性水平对吸引入境旅游流具有积极意义。从民航客运及控制变量的空间滞后影响看,除民航客运、国内市场效应和产业结构升级对港澳台入境旅游流具有正向的空间溢出效应外,其余变量的空间溢出效应均为负,说明在民航客运、国内旅游、产业协作等领域合作是吸引港澳台入境旅游流的重要途径。

（三）空间效应分解

为进一步考察民航客运和其他因素对入境旅游流影响的边际效应，可通过空间效应分解来揭示民航客运和其他控制变量对本区域和周边区域入境旅游流影响的直接效应和间接效应。

如表6-7所示，从民航客运看，其对入境旅游流的直接效应为正，空间溢出效应为负，而且正向的直接效应远大于负向的空间溢出效应，所以民航客运对入境旅游流的总效应显著为正。这说明一个地区的民航客运对本区域的入境旅游流具有促进作用，而对其周边区域的入境旅游流具有一定的抑制作用。民航客运对入境旅游流的正向直接效应和负向空间溢出效应从民航客运角度揭示了入境旅游流存在负向空间溢出效应的空间联动机制。具体来看，民航客运对外国入境旅游流的直接效应大于总入境旅游流和港澳台入境旅游流，说明一个区域的民航客运对本区域外国入境旅游流的直接促进作用更大，这与外国入境旅游流对民航客运的偏好性有关。民航客运对外国入境旅游流和港澳台入境旅游流的空间溢出效应均为负值，但对外国入境旅游流负向的空间溢出效应更大，再次说明了外国入境旅游流对民航客运的偏好性更大。

从其他控制变量看，除国内市场效应、资源禀赋和交通通达性具有一定显著性外，其余变量均不显著，甚至参数方向和预期相反，说明在考虑民航客运和空间因素的条件下，各因素对入境旅游流的影响具有多元性和复杂性。具体而言，经济发展水平、国内市场效应、旅游资源禀赋和铁路通达性对入境旅游流均具有正向的直接效应和负向的溢出效应，其中经济发展水平的直接效应和溢出效应最大，说明从经济发展水平、国内市场效应、旅游资源禀赋和铁路通达性等方面可进一步揭示入境旅游流存在负向空间溢出效应的空间联动机制，但经济发展水平的影响更大，还说明国内旅游流与入境旅游流具有目的地趋同性。但产业转型升级的直接效应为负，间接效应为正，说明产业结构转型升级与入境旅游发展存在不协调性。

表6-7 各因素对入境旅游流影响的空间效应分解结果

变量	直接效应			溢出效应			总效应		
	IF	FF	HF	IF	FF	HF	IF	FF	HF
lnPa	0.8320*** (15.0605)	0.8730*** (14.2877)	0.7090*** (11.0480)	-0.1818*** (-4.7237)	-0.1547*** (-3.3792)	-0.0470 (-0.3938)	0.6503*** (11.4719)	0.7184*** (10.5588)	0.6621*** (5.0651)
lnPgdp	2.0009 (1.3629)	1.8276 (1.1593)	3.0860 (1.2891)	-0.4431 (-1.2663)	-0.3320 (-1.0516)	-3.9227 (-1.1044)	1.5578 (1.3685)	1.4956 (1.1616)	-0.8367 (-0.3409)
lnFdi	-0.0302 (-0.2709)	0.0238 (0.2037)	-0.1213 (-0.9294)	0.0065 (0.2632)	-0.0042 (-0.1954)	-0.0113 (-0.0449)	-0.0237 (-0.2709)	0.0196 (0.2032)	-0.1326 (-0.4809)
lnDom	0.3717*** (7.6184)	0.2832*** (5.1287)	0.6294*** (10.9688)	-0.0812*** (-4.1812)	-0.0501*** (-2.8366)	-0.0309 (-0.2979)	0.2906*** (6.9283)	0.2331*** (4.8338)	0.5985*** (5.2065)
lnStr	-2.3893* (-1.7481)	-2.2775 (-1.5606)	-2.0806 (-0.7440)	0.5278 (1.5881)	0.4106 (1.3531)	2.8337 (0.7350)	-1.8616* (-1.7544)	-1.8669 (-1.5648)	0.7531 (0.3215)
lnGov	-0.3964 (-0.9059)	-0.6587 (-1.3710)	0.5925 (0.9949)	0.0855 (0.8881)	0.1153 (1.2444)	-0.6437 (-0.7780)	-0.3109 (-0.8986)	-0.5434 (-1.3562)	-0.0513 (-0.0800)
Res	0.0461 (1.6629)	0.0589** (2.1068)	0.0406 (1.1462)	-0.0101 (-1.5489)	-0.0104* (-1.7863)	-0.0666 (-1.5249)	0.0360 (1.6559)	0.0485** (2.0630)	-0.0260 (-0.5769)
lnSer	-0.1525 (-0.7755)	-0.0983 (-0.4591)	-0.2365 (-0.9159)	0.0333 (0.7321)	0.0175 (0.4418)	-0.0771 (-0.2116)	-0.1193 (-0.7786)	-0.0808 (-0.4569)	-0.3136 (-1.0020)
lnRail	0.2492 (1.4752)	0.1347 (0.7183)	0.3981* (1.7572)	-0.0551 (-1.3571)	-0.0244 (-0.6812)	-0.2220 (-0.4362)	0.1941 (1.4783)	0.1104 (0.7170)	0.1760 (0.3901)

注：***、**和*分别表示参数在0.01、0.05和0.10水平下显著；括号内数字是参数对应的t统计量。

对外开放度、政府扶持力度和旅游服务水平对入境旅游流的直接效应和溢出效应具有异质性和复杂性。开放程度对总入境旅游流具有正向的直接影响和负向的间接影响，说明对外开放水平是总入境旅游流空间格局形成的重要因素。开放程度对外国入境旅游流的直接效应为正、间接效应为负，而对港澳台入境旅游流的直接效应和溢出效应均为负值，再次说明民航客运在揭示外国入境旅游流空间联动机制方面的有效性，而港澳台入境旅游流的影响因素更复杂。政府扶持力度对总入境旅游流和外国入境旅游流的直接效应为负、间接效应为正，而对港澳台入境旅游流的影响正好相反，说明政府扶持对吸引港澳台入境旅游流更有效。旅游服务水平对入境旅游流具有负向的直接效应，而对总入境旅游流和外国入境旅游流的间接效应为正，对港澳台入境旅游流的间接效应为负，说明旅游业人力资本的贡献率还有待提升。

六、研究结论和政策含义

（一）研究结论

在分析民航客运与入境旅游流时空关联特征及入境旅游流空间自相关的基础上，本章基于空间面板计量模型进一步探究民航客运对入境旅游流影响的异质性及空间效应。主要结论如下：

1. 2008～2017 年民航客运与入境旅游流存在明显的时空关联

二者不仅在时间演变上具有趋势一致性，而且存在较强的统计相关性；民航客运与入境旅游流均主要分布在胡焕庸线右侧，分布特征具有时空稳定性；研究期内，中国民航客运格局未发生根本性变化，但总入境旅游流有从沿海沿边省份向内陆省份扩散的趋势，而且这种空间扩散具有高民航客运量指向性；相较于港澳台入境旅游流，外国入境旅游流与民航客运的空间关联性更强。

2. 2008～2017 年入境旅游流呈现显著的正向空间自相关和空间集聚模式的异质性

在全域范围内入境旅游流的 Moran's I 指数均为正值，但港澳台入境旅游流的 Moran's I 指数更大；LISA 聚类分析表明，总入境旅游流的低水平均衡和洼地型集聚模式正在被高水平均衡和中心—外围模式所取代，外国入境旅游流的空间集聚模式正在由低水平均衡向中心—外围演变，港澳台入境旅游流的空间集聚模式呈现明显的东南—西北格局，且具有时空稳定性。

3. 民航客运对入境旅游流具有正向的直接效应和负向的空间溢出效应，且影响具有异质性

民航客运对入境旅游流的正向直接效应和负向空间溢出效应从民航客运角度揭示了入境旅游流存在负向空间溢出效应的空间联动机制；相较于港澳台入境旅游流，民航客运对外国入境旅游流的直接效应和空间溢出效应更大，即入境旅游流对民航客运发展水平较高的地区具有偏好性，而且这种偏好性在外国入境旅游流中更明显。

4. 其他控制变量对入境旅游流的影响具有异质性和复杂性

经济发展水平、国内市场效应、旅游资源禀赋和铁路通达性对入境旅游流均具有正向的直接效应和负向的溢出效应，其中经济发展水平的效应最大，即这些因素进一步揭示了入境旅游流负向空间溢出效应的空间联动机制，且国内旅游流与入境旅游流具有目的地趋同性；产业结构转型和旅游服务对吸引入境旅游流的贡献还有待提升；提升开放程度对吸引外国入境旅游流更有效，而政府扶持对吸引港澳台入境旅游流更有效。

（二）政策含义

本章研究结论对推动民航业和旅游业发展具有一定的参考价值。一是要推动民航业和旅游业融合发展特别是推动民航客运与外国入境旅游融合

发展。因为民航客运与入境旅游流存在关联，且外国入境旅游流与民航客运的关联性更强，所以应加强境外航线拓展、枢纽机场建设、旅游品牌建设、境外旅游宣传等方面的工作。二是要以民航客运合作为基础，以入境旅游合作为主攻方向，推动区域间旅游业深度合作。民航客运对入境旅游流的正向直接效应和负向空间溢出效应从民航客运角度揭示了入境旅游流存在负向空间溢出效应的空间联动机制，所以民航客运水平发展的不平衡性会通过空间联动机制进一步加剧区域间入境旅游发展的不平衡性，进而扩大区域间旅游业发展差距。因此，要以民航客运合作为突破口，进一步提升区域间旅游合作水平。例如，区域间可以通过成立航空联盟，共同开拓境外航线，增强航线的互补性，在此基础上加强在旅游营销和区域枢纽机场建设等方面的合作，进而实现民航客运与入境旅游融合发展水平的整体跃升。三是要在进一步提升经济发展水平的同时，着力从国内旅游市场、旅游资源、铁路通达性、产业结构转型升级、旅游服务水平、开放程度和政府投入等方面推动入境旅游高质量发展。

第七章

其他省份推进旅游强省
建设的典型经验

一、东部省份推进旅游强省建设的典型经验

（一）广东：以文旅融合开创旅游强省建设新局面

作为文化大省，广东文化产业增加值连年位居全国第一，约占全国文化产业总量的1/7。作为旅游大省，2018年广东继续保持亚太地区乃至世界重要的旅游客源地、旅游目的地和旅游集散地地位。广东文化产业增加值、旅游总收入和旅游外汇收入等主要指标连年位居全国第一，有力地推进了文化和旅游强省建设。2018年，广东文化和旅游系统以机构改革为契机，坚持改革创新，加快融合发展，开创了文化和旅游改革发展的良好新格局。广东以粤港澳大湾区建设为重点，深入贯彻落实《粤港澳大湾区规划纲要》，提高文化和旅游领域开放水平；推进省级重大标志性文化工程建设，保护发展好粤剧等地方戏曲、岭南画派、广东音乐等文化精粹；以文旅产业推动"一核一带一区"区域发展，落实乡村振兴战略，建设人文、休闲乡村。紧紧抓住提供优秀文化产品、优质旅游产品这个中心环

节，将文化和旅游业打造成为广东重要的支柱性产业和新的经济增长点。

（二）江苏：智慧旅游融入公共服务

被称为行业"二次革命"的智慧旅游在江苏多地已覆盖食、住、行、游、购、娱等各方面。2018年，江苏全面启动并基本完成省旅游产业综合管理与服务大数据平台建设，通过该平台实现省市县以及旅游企业单位间的数据共建共享和旅游部门的三级联动。省局负责制定标准、确定框架和内容，市、县（区）旅游部门加快推进本地旅游综合管理与服务大数据平台建设。同时推广互联网、物联网、人工智能等新技术在旅游业中的应用，开展智慧旅游示范项目创建评比和推广，优化"两微一端"自媒体系统和手机服务功能。以乡村游和自驾游为重点，以民宿、农庄为基本，打造集形象展示、线路推荐、咨询服务、预定消费等为一体的移动终端平台，实现"一机在手，说走就走，畅游无忧"。游客游览前可以在微信上了解概况，在线订票的同时顺便定制导航线路。结束后还有自助缴费机、微信、App等多种方式进行停车费的缴纳，实现快速出园。

（三）浙江：探索递进式全域深度体验

近年来，浙江全域旅游和"百千万"工程走在全国前列。旅游综合贡献越来越大、全域旅游发展如火如荼，"百千万"工程有声有色、对外和区域合作稳扎稳打、旅游品质可圈可点。浙江"把全省作为一个大景区"来谋划建设，推动旅游打造支撑浙江未来发展的万亿产业。截至2018年底，浙江超过80%的市县将旅游列为战略支柱产业，各地召开旅游发展大会或全域旅游发展大会128次，以党委、政府名义出台相应的扶持政策162项。33个市县成立旅游委员会，并由发改委、交通、工商等部门分管领导兼任旅游委分管领导，促使旅游部门从单一的行业主管部门转变为综合协调部门。到浙江旅游不再是看一回风景、拍一张照片、吃一顿饭，而是从山间到湖边、从城市到农村、从观光游到休闲度假游、从住一夜到玩一周递进式的全域深度体验。旅游业与乡村、工业、文化、体育、林业等多行业从简单相加到相融相盛，不仅催生了一大批区别于传统旅游景区的新旅游点，推动全省走向"处处是风景、行行加旅游、时时可旅游"的全域旅游愿景。

（四）海南：旅游点线面全域协调发展

2016 年 1 月，海南被确定为全国首个全域旅游创建省。海南跳出传统旅游谋划现代旅游、跳出小旅游谋划大旅游，以深入推进旅游供给侧结构性改革为主线，以"点、线、面"相结合为方式，以促进旅游产业全区域、全要素、全产业链发展为基调，以全域共建、全域共融、全域共享为目标，全方位推进全域旅游示范省建设，基本形成了"日月同辉满天星、全省处处是美景"的全域旅游发展新格局。一是加快推动铁路、公路沿线旅游化改造，优化岛内公路、铁路沿线站点等交通廊道的旅游服务功能，增加特色旅游体验、旅游咨询与投诉、旅游产品预订等服务，建设成高水平的旅游综合服务区；二是全面推进全域旅游景观廊建设，重点提升沿线旅游服务水平、景观环保水平、旅游信息化水平，实现交通与景观、环境、文化的融合，同时将环岛高铁沿线和旅游公路建成"最美旅游廊道"，增设旅游公路观景平台；三是全面实施"最后一公里"工程，打通主干道通往旅游景区的连接通道，使旅游交通专线、城市公交、汽车租赁网点延伸到主要景区和乡村旅游点，与机场、车站、码头实现交通换乘无缝对接，积极推进环岛滨海等旅游公路建设，实现滨海、山地等旅游景区和特色小镇全部通达。

二、中部省份推进旅游强省建设的典型经验

（一）湖北：推动旅游城镇建设

旅游城镇是旅游业发展的依托。湖北加强旅游驱动型城镇建设，建立

旅游城市—旅游强县—旅游名镇（街）—旅游名村支撑体系，推动旅游业向纵深领域发展。按照"一带两极三廊道四板块"的旅游空间布局，强化武汉、宜昌的旅游集散、组织、服务、引领功能，建成整体带动全省旅游业发展的两大旅游中心城市；从支撑区域旅游业和联动全省旅游业发展着眼，考虑对外交通建设、旅游公共服务设施建设、旅游接待能力等综合因素，培育襄阳、十堰、恩施、咸宁、随州、荆州、黄冈、黄石等一批旅游门户城市；从培育特色产业、发展县域经济着眼，引导和推动一批重点县区发挥旅游资源优势，实施旅游立县（区）、旅游强县（区）、旅游兴县（区）、旅游活县（区）战略，大力开展"湖北旅游强县"创建活动，推动县域旅游业加快发展；充分发挥城镇"以镇带村"、推动乡村旅游发展的特殊作用，立足生态和文化优势，以产业发展和民众就业为重点，深化和拓展湖北旅游名镇、市州旅游名镇创建工作，建设一批旅游驱动型城镇；与新农村建设相结合，发挥广大乡村的旅游资源优势，采取"村办民参"、"公司＋农户"、村民互助、个体经营等多种形式，使旅游业成为促进农民脱贫致富和思想观念解放的重要途径。

（二）湖南：着力打造黄金旅游带

2015 年，湖南省政府发布《关于促进旅游业改革发展的实施意见》，着力增强旅游发展动力，完善旅游产品体系，优化旅游发展环境。重点打造 8 条黄金旅游带。以沪昆、京广、湘桂等高铁线路为纽带，加强与沿线省区对接合作，共同打造高铁旅游精品线路。鼓励省内外旅游企业跨行业、跨地区兼并重组和投资合作，支持品牌信誉度高的旅行社、旅游车船公司跨地区连锁经营。进一步扩大"锦绣潇湘、快乐湖南"总体旅游品牌形象的影响力，优化旅游产业发展布局。以长沙为中心、张家界为龙头，促进长株潭、大湘西、大湘南、环洞庭湖四大旅游板块协调发展，着力打造湘江旅游带、京广高铁旅游带、沪昆高铁旅游带、大湘东旅游带、大梅山文化旅游带、环洞庭湖旅游带、湘南山水人文旅游带、湘西南生态旅游带 8 条黄金旅游带，构建"一个中心、一个龙头、四大板块、八条黄金旅游带"的总体格局。

三、西部省份推进旅游强省建设的典型经验

（一）四川：建设全国全域旅游示范区

四川省第十一次党代会报告在安排部署下一阶段工作时强调，要以建设世界旅游目的地为抓手，推动成乐、成雅协同发展，攀西经济区要建成国家战略资源创新开发试验区和全国阳光康养旅游目的地，川西北生态经济区建成国家生态文明先行示范区和国际知名生态文化旅游目的地。要实施"绿色四川"旅游行动计划，大力发展全域旅游，建设世界重要旅游目的地。从民族地区起步，由点到面至全川。2018 年，四川列入国家全域旅游示范区创建范围的面积已超过全省面积的 1/3，"北有九寨黄龙，南有稻城亚丁"的格局正在形成。为保护好民族地区的青山绿水，四川从顶层设计入手，编制完成 318/137 中国最美景观大道、大香格里拉、大九寨、环红原等一批重大旅游专项规划，推出 318/317 中国最美景观大道（四川）遗址公园、大东女国阳光休闲旅游度假区等一批跨区域重大旅游项目群。2019 年 4 月，都江堰市、峨眉山市、青川县为四川省首批全域旅游示范区验收认定单位。

（二）陕西：打造"轨道＋旅游"融合联动模式

为支撑经济从高速度发展转向高质量发展，推进交通领域供给侧结构性改革，陕西加快了部门协作、上下协同、产业融合的步伐，优化整合交通与旅游资源，探索出一条"轨道＋旅游"融合联动发展的模式。陕西在全力推动高速铁路、城际铁路建设的同时，积极扶持开设旅游专列，着力推进绿道（沿山生态观光体验廊道）、蓝道（河/江滨观光体验廊道）、紫

道（历史文化观光体验廊道）、旅游轨道建设。此外，陕西铁路部门还以"轨道＋旅游"创新模式为主题，增开了各种特色旅游专列，将美食美景、休闲避暑、养志研学与列车线路进行有机整合，如"2018 春满中国醉西安"、"端午古镇'粽'是情"等旅游活动，将高铁旅游推向高潮，乘高铁旅游已经成为一种崭新的休闲时尚。伴随着"轨道＋旅游"新业态的高速发展，旅游轨道产业逐步兴起。2017 年，陕西省政府审议通过了《陕西渭北旅游轨道实施方案》，方案以陕西渭北地区为试点，以"建设中国轨道交通促进旅游产业发展先行示范区、中国旅游轨道小火车建设标准实验区、陕西旅游轨道小火车开发建设样板区"为总体目标，发展旅游轨道，促进旅游消费，推进陕西省旅游轨道标准规范体系研发和轨道装备制造产业落地发展。

（三）贵州：做足山地旅游文章

拥有民族文化、红色文化、阳明文化、土司文化、宗教文化、明朝汉文化、民国军政文化等人文历史资源和 10 多种优势自然资源的贵州，把山地旅游作为贵州旅游业的基本定位，突出了贵州旅游的资源优势，突出了贵州旅游产品的与众不同，为贵州旅游培育核心竞争力提供了路径支撑。为大力发展贵州旅游事业，做足山地旅游长板，贵州频出新招、奇招，山地旅游项目不断开展。在贵州各地，山地观光旅游、山地文化旅游、山地乡村旅游、山地休闲旅游、山地运动旅游和山地旅游装备制造业及特色旅游产品加工业等旅游业态蓬勃兴起。贵州将旅游业与贵州山地特色结合，加强立体交通网的建设和与互联网的融合。同时促进旅游服务规范化，旅游服务品牌化，旅游服务智能化，严厉查处扰乱旅游市场秩序的违法违规行为，加大生态环境保护力度，保护好贵州的青山绿水，创新景区经营管理体制，激发旅游景区发展壮大的动力活力。为了带给游客完美的旅游体验，贵州不断完善游客集散中心、自驾车营地灯配套建设；还将"大数据＋旅游"不断推荐，完善智慧旅游云平台。并在全省范围开展"文明在行动·满意在贵州"活动，让游客感受到贵州景观和服务都在提升。

（四）云南：打通沿边客源市场

云南坚持国际化驱动，着力促进云南推动沿边开发开放。围绕国家对外开发的大战略，服务于中国东盟自由贸易区、孟中印缅经济走廊和大湄公河次区域等国家沿边开放的重大战略定位和战略布局，推动旅游开放。利用云南丰富的口岸资源和旅游资源，做好沿边旅游这篇大文章，增强沿边地区旅游吸引力，推动沿边地区旅游业快速发展，为沿边地区经济社会发展做出更大贡献；深入研究签证政策，结合旅游业发展中遇到的实际问题，提出相关政策诉求，与相关部门一起推动签证政策的完善，为国际国内游客在沿边地区自由流动提供更多便利；从繁荣跨境旅游区域角度出发，在"特"字上下功夫，深入研究相关的财税、金融、土地、环保、产业等方面的政策，促进沿边地区旅游业加快发展。在空间布局上，按照"突出重点、以点串线、以线带面，以面成片"的思路，着力打造"一心六区九廊"。"一心"即把昆明建成国际著名的观光度假胜地、商务会展基地和中国面向东南亚、南亚的国内外游客集散中心；"六区"是指滇中旅游区、滇西北香格里拉生态旅游区、滇西边境旅游区、滇西南澜沧江—湄公河国际旅游区、滇东南喀斯特山水文化旅游区、滇东北红土高原旅游区；"九廊"包括昆明—河内、昆明—曼谷、昆明—仰光、昆明—加尔各答和滇桂、滇黔、滇渝、滇藏等9条旅游走廊。

第八章
"十四五"江西旅游强省建设的
总体思路、主要目标和战略任务

一、总体思路

以习近平新时代中国特色社会主义思想为指导，深入贯彻党的十九大和十九届二中、三中、四中全会精神，从更高层次贯彻落实习近平总书记视察江西重要讲话精神，特别是打造美丽中国"江西样板"的重要指示，牢固树立"创新、协调、绿色、开放、共享"五大发展理念，主动适应经济发展新常态，按照省委、省政府建设旅游强省的战略部署，把握全面深化改革的良好发展机遇，像抓工业化城镇化那样抓旅游，树立全域旅游发展理念，持续强化推广"江西风景独好"旅游品牌，全面推进旅游产业转型升级，全力创新旅游发展业态，加强旅游基础设施建设，开展旅游综合改革，扩大旅游对外开放，延伸旅游产业链条，带动旅游综合消费，提升旅游服务质量，实现旅游业高质量跨越式发展，努力把旅游业打造成为江西最大的特色、最大的优势、最大的亮点，打造成为绿色崛起的第一窗口、第一名片、第一品牌，为建设富裕美丽幸福现代化江西作出更大的贡献。

（一） 以创新为动力

旅游业是创意经济，要增加旅游业的知识和科技含量，提高旅游经济的运行质量。一是通过理念创新构建发展新模式。大力实施全域旅游发展战略，加快旅游供给侧改革和体制机制创新，打造一批国家级、省级全域旅游示范区，着力构建全空间优化、全资源整合、全要素提升、全产业融合、全服务覆盖、全方位协作的发展新模式。二是通过产品创新扩大旅游新供给。实现由观光为主进一步向观光、休闲、度假等全方位、多样化的产品体系转变；从观光游览等传统产品向都市旅游、运动休闲、健康养生、文化休闲、生态度假等方向发展。三是通过业态创新开拓发展新领域。建设美丽宜居村庄、旅游小镇、风情县城以及城市绿道，支持旅游综合体、主题功能区、中央游憩区等建设，开发现代休闲农业、商务会展业、健康养生养老业和文化创意产业。四是通过技术创新打造发展新引擎。加快推进旅游互联网基础设施、旅游信息大数据中心和电子政务系统建设，此外推进智慧旅游城市、景区、企业、乡村建设。五是通过主体创新提高发展新效能。培育壮大一批龙头旅游企业，通过强强联合、兼并重组、投资合作、整合产业链上下游资源、品牌连锁、授信支持、融资上市等途径，发展成为以旅游为核心业务兼及会展、物流、金融、电子商务等其他现代服务业务的龙头旅游企业。

（二） 以协调为杠杆

旅游业是综合产业，要统筹旅游上下游产业，在形成旅游大产业的基础上，建立以旅游业为引擎的产业联动机制。一是加强空间整合，优化整体发展布局。"十四五"期间，整合区域空间资源，构建全域旅游发展格局。二是抓好创建推进，打造县域旅游样板。加强特色旅游名县创建指导，突出地方特色与旅游发展的融合，把地方特色融入到城市发展、乡村建设、景区景点开发和旅游要素的打造。三是提档乡村旅游，做特做靓旅游村镇。以国际化山水度假为重点、产业化农果体验为支撑、精致化文化体验为特色，差异精品开发，重点打造一批乡村旅游示范村镇。四是完善基础配套，提升公共服务水平。提升立体化交通枢纽功能，完善全域化旅游交通体系。以公共交通为基础，以旅游集散中心和集散地为节点，逐级建成旅游集散体系，设立通达重点景区的旅游集散线路，实现与区县旅游无缝对接。五是提升要素水平，促进产业结构升级。通过自建和引进两种方式，快速发展旅行社行业，实现推广旅游产品和服务当地游客的双重功效。以市场需求为导向，建立类型与层次丰富、布局合理的旅游饭店体系。提高餐饮品牌化、规范化、标准化水平，加大餐饮载体建设。

（三）以绿色为主题

旅游业是无烟工业，要坚持"保护优先，科学利用"，推进资源节约和环境友好，实现旅游业可持续发展，并通过旅游业发展促进全省发展方式转变。着力发展生态旅游，最大限度地优化生产生活生态空间，让居民真正望得见山、看得见水、记得住乡愁；坚守住生态保护底线，把真山真水真空气、原汁原味原风情作为发展旅游业最大的优势、最好的品牌，推动旅游开发向集约型转变，更加注重资源能源节约和生态环境保护。以绿色为主题，倡导低碳旅游，推行绿色消费，使旅游业真正成为"两型社会"优势产业。一是倡导绿色旅游消费。优化旅游公共运输方式，提高节能环保交通工具的使用比例，提升旅游大巴、船舶等设施环保准入标准。鼓励旅游者尽量选择公共交通、骑自行车或徒步等生态方式出行。二是实施绿色旅游开发。牢固树立"保护优先、合理利用"的可持续发展理念，优化旅游业国土资源开发空间布局和利用方式，加强与主体功能规划、生态功能规划、各地城乡规划的衔接。探索在自然生态资源集中区域开展"国家公园"试点工作。三是加强资源环境保护。建立针对自然环境、文化生态、历史遗产、旅游氛围的整体环境保护系统，在保护的基础上有序开发。四是创新绿色发展机制。建立健全以绿色景区、绿色饭店、绿色建筑、绿色交通为核心的绿色旅游标准体系，推行绿色旅游产品、绿色旅游企业认证制度，统一绿色旅游认证标识，开展绿色发展教育培训，引导企业执行绿色标准。

（四）以开放为手段

旅游业是先导行业，要坚持走开放式、外向型发展之路，在全球大视野、大市场中发展旅游业，并体现旅游业在扩大江西对外开放中的担当。一是积极参与"一带一路"建设。深化对外合资合作，支持有条件的旅游企业"走出去"。完善区域旅游合作机制，构建务实高效、互联互通、互惠互利的区域旅游合作体。二是提升传统营销。借助一线商业品牌宣传提升江西旅游业形象，加快商业体系发育，用创新方法提升传统媒体营销效果，从市场与游客需求出发制定可操作的传统媒体营销推广计划。三是利用新媒体营销。充分利用以网络为代表的新媒体营销，以"五个一"即一个微博、一个微信、一个旗舰店、一个官方网站、一款 App 为主要抓手，引爆营销热点。四是特色发展节事营销。根据各个地区的特色，定期或不定期举办能吸引区域内外大量游客参与的集会活动，将江西打造成国际会议重要选址目的地。五是推广境外市场营销。借力国际网络平台，以谷歌、Facebook、Twitter、Line 主打境外，以外国网站为信息引导，以境外旅行社江西专区及境外合作 OTA 为产品引导，在大旅行商网站开辟江西特色产品专题网页（子网站）和专区。

（五）以共享为目的

旅游业是民生事业，要动员广大民众参与到旅游业发展中来，并分享旅游业发展的成果，使旅游成为人民幸福的重要指标。一是实施旅游精准扶贫。开展旅游行业结对帮扶活动，组织动员有条件的旅游企业、旅游规划机构、旅行社、宾馆饭店、景区景点、旅游院系，对乡村旅游扶贫重点村进行结对帮扶。开展购物旅游扶贫行动，按照"旅游化的农副土特产品、创意化的文化产品、文化的实用产品"三大类型，紧密结合地域特色，紧盯市场需求，积极推动旅游商品发展。二是大力推进厕所革命。认真落实国家旅游局关于"旅游厕所革命"的部署，按照"数量充足、干净无味、管理有效、游客满意"的要求，全面加强旅游厕所建设与管理工作，努力实现旅游景区、旅游线路沿线、交通集散点、旅游街区、乡村旅游点、旅游餐饮点、旅游娱乐点、旅游购物点等游客行程所及的旅游公共场所都有相应标准的旅游厕所，且数量与游客接待规模相适应。三是规范旅游市场秩序。实施重大案件督办制度、旅游市场秩序综合评价制度、服务等级退出制度、旅游目的地警示制度，推动旅游经营服务单位备案登记制度试点。推进旅游标准化建设，开展旅游标准化示范创建，全面贯彻实施国家标准、行业标准。四是实施旅游双创计划。建设面向旅游创新创业的服务平台。支持各类旅游产业发展孵化器建设。积极争创国家旅游文创示范园区、国家旅游科技示范园区、国家旅游创业示范园区和示范企业、示范基地建设。积极承接举办中国旅游创新创业大赛。五是旅游安全救援工程。健全旅游安全管理规章制度，完善旅游安全防护设施，建立三级旅游安全救援体系：旅游安全救援指挥调度中心、旅游门户城市救援工作站和县级旅游应急救援点。

二、主要目标

（一）旅游规模更大

加快把生态资源优势转化为旅游产业优势和经济增长优势，扩大旅游业整体规模，大幅提高旅游综合收入，不断升级旅游消费水平，主要旅游指标在全国排名要进一步前移，旅游综合竞争力位列全国前列。力争到2025年，旅游业成为江西绿色崛起的重要支柱产业。基本形成"一圈三区三带五中心"旅游目的地体系：把环鄱阳湖生态旅游圈打造成具有江西品位、中国气派、普世价值、未来高度的生态旅游先行区和示范区；把赣南等原中央苏区红色旅游集聚区、赣西休闲康养旅游集聚区和赣东北世界遗产旅游集聚区打造成重要旅游经济区；把依托赣江打造千里赣江风光带，依托沪昆、京九等高铁打造高铁旅游风光带，依托"四纵六横"高速公路网打造自驾休闲旅游风光带，打造成辐射沿线的重要旅游经济带；把景德镇、鹰潭、赣州、宜春和抚州打造为江西特色旅游发展名镇和全国旅游强市。

（二）综合效益更高

旅游产品呈现规模化、产业化、市场化发展现状，旅游产业发展后劲十足。旅游发展实现国际化、旅游产业实现集群化、旅游区域实现一体化、旅游经营实现专业化、旅游产品实现多样化、旅游服务实现标准化，旅游产业链条更加绵长，市场进入门槛降低，全社会对旅游投入的力度更大。休闲度假旅游、乡村旅游、文化旅游、会展旅游、航空旅游、商务旅游和医疗养生旅游等产品发展初具规模，具有专属性、独特性的休闲、购物、娱乐、体验、游玩等旅游项目不断被开发出来，游客逗留时间延长，旅游综合效益大幅提高，得天独厚的旅游资源优势充分转化成了蓬勃向上的发展优势。力争到 2025 年，旅游人次和收入比 2018 年翻一番，所有旅游指标进入全国前十位。

（三）品牌实力更响

全省各地市乡镇、部门、单位凝心聚力，把"江西风景独好"作为江西整体形象品牌来建设。充分利用各种媒体、广告、网络、企业等平台扩大对旅游品牌的宣传营销力度。同时进一步加强对景区的品牌建设，打造一批经典、精品、特色的旅游景区：将庐山、井冈山、三清山、龙虎山、婺源、景德镇古窑等打造成为世界知名、国内一流的经典旅游景区；瑞金、明月山、武功山、大觉山、三百山、高岭—瑶里、龟峰、共青城、庐山西海、仙女湖、鄱阳湖国家湿地公园、星子温泉等打造成为国内知名的精品旅游景区；灵山、南矶山湿地、梅岭、樟树、青原山、大茅山、三爪仑、江西武夷山、军峰山、九连山、丫山、陡水湖等打造成为有区域影响的特色旅游景区。力争到2025年,"江西风景独好"成为全国最有竞争力的旅游品牌之一。

(四) 发展活力更强

旅游综合改革取得重大成效,旅游行政主管部门统筹协调、相关部门依法参与的旅游行政管理体制更加顺畅,省旅游集团公司加快发展,旅游产业园区建设不断深化。旅游发展规划更加科学,旅游产业布局更为合理,旅游配套设施和公共服务设施更加完善,对旅游发展的支撑作用明显增强。旅游和其他产业在各领域、多方位、全链条深度融合,实现资源共享、优势互补、协同并进,建立了统一有序、供给有效、富有活力的旅游市场,为旅游发展提供新引擎新动力,形成发展新优势。进一步优化旅游消费的长效机制,顺应居民消费升级趋势,培育网络消费、定制消费、体验消费、智能消费、时尚消费等消费新热点,完善行业标准体系、服务质量评价体系和消费反馈处理体系。区域旅游合作发展活力显著增强,实现赣东北、昌九、赣西、原中央苏区等区域旅游一体化发展,成为江西旅游新的强劲增长点。

三、战略任务

(一) 以产品质量为引领,提升江西旅游核心竞争力

1. 对旅游景观进行取长补短

充分借助江西景观资源优势,大幅提升旅游核心竞争力。提升山岳型景区质量,推动庐山、井冈山、龙虎山、明月山、武夷山、武功山等景区

升级改造，打造世界闻名、国内领先的山岳型景区；同时鼓励其他地区对现有的山岳型景区景点进行开发建设和改造升级。江西水域资源丰富，但是水域旅游却没有做起来，要加快补齐水域旅游短板，依托庐山西海、仙女湖、陡水湖、拓林湖、明月湖等湖泊资源发展水域旅游。重点推出"环鄱阳湖生态游"，建设鸟类博物馆和观鸟平台，开发沙洲游和水上游项目，在特、新、奇上做好文章，加强各个县市的协调，推出富有鄱阳湖地方特色的旅游产品。

2. 对文化旅游进行深挖改造

发展文化旅游要以厚重的赣鄱文化为载体，突出地域性、特色性和比较优势。加大文化资源和旅游资源普查、梳理、挖掘力度，以文化创意为依托，推动更多资源转化为旅游产品。着力推进文物遗迹和文化遗产景观化，精确提炼文化旅游产品主题，丰富表现形式，使静态的文化活起来，把失落的文化找回来。加快博物馆、展览馆、文化主题园等文化资源与旅游市场的对接，让游客可以直观地触摸到文化的精髓。旅游开发要善于挖掘这些物质实体的文化属性，提炼出隐形的文化元素，使其转化为创意因子。将文化灵魂深深植入旅游的吃、住、行、游、购、娱各个环节，营造整个旅游目的地文化环境氛围，让文化通过旅游更好地走向市场。进一步做好中国（江西）红色旅游博览会的宣传工作，提升江西红色旅游在全国的影响力。努力将婺源徽州文化、赣南客家文化两个生态保护实验区打造成江西非物质文化遗产旅游经典景区，将一批国家级生产性非物质文化遗产基地打造成重点文化旅游景区，将一批传统表演艺术类非物质文化遗产项目打造成文化演艺节目。

3. 对乡村旅游进行提档升级

推动乡村旅游公司化、品牌化、标准化提档升级，依托农业生产设施、田园景观、乡村生态、民俗文化、农家生活等资源，进行创意开发和资源要素重组，提供观光休闲度假体验等多种服务。加大对休闲农业园区、农家乐、美丽休闲乡村等的支持力度，着力改善公共服务设施和生态环境，打造乡村田园特色景观。重点对江西省首批19个乡村旅游重点村进行规划建设，作为全国乡村旅游重点村培育预备单位给予支持。继续举办推广"中国农民丰收节"江西系列活动、"江西休闲农业乡土美食节"系列活动、"休闲农业·秀美乡村"活动月、婺源油菜花节、凤凰沟樱花节等节事活动。建设江西乡村旅游互联网平台，发挥对江西乡村旅游的重要宣传作用。与此同时，要进一步推进乡村旅游扶贫，推动村镇变景区、农舍变旅馆、农民变导游。

4. 对康养旅游进行功能提升

康养旅游是最符合江西自然禀赋优势的产业方向，可以打造成大健康战略下的旅游发展新引擎。加快要素建设、健全产业链条、完善公共服务，把游客"留下来"，让"快游"变"慢游"。旅游产品供给方面，增加避暑旅游产品的供给，在传统山岳型避暑景区的基础上，增加亲水旅游项目，丰富避暑旅游的产品类型。增加温泉旅游项目，建设一批集休闲、水疗、保健养生于一体的温泉康养度假基地。发展富氧度假游、生态养生游、休闲健身游等森林康养旅游；在相关产业供给方面，可结合有机农产品、避暑娱乐产品、户外设备制造等产业，将康养旅游产业链全面拓宽加长。从其他省份的经验来看，江西还应做强做优包括演艺、餐饮等在内的"夜经济"。同时，康养旅游可优先发展高端市场，以提高单次旅游人均花费。

5. 对新业态进行规划引导

让旅游插上科技的翅膀，增加互联网、大数据、VR（虚拟现实）、AR（增强现实）等在旅游业上的运用，提高旅游设施的智能化、网络化程度，打造"一站式"、"全天候"综合体，开发 5G＋VR 全景直播、＋AR 慧眼、＋AI 旅游等新业态。依托民用机场航线网络、销售系统等开发旅游产品，不断提升旅游服务的便捷性和舒适性，吸引"空中来客"赣旅游。依托南昌、九江、景德镇、赣州等航空旅游资源，开发直升机观光旅游、低空飞行体验、空中摄影等低空旅游产品。大力发展自驾车、房车旅游，构建以高速公路、旅游干道为纽带，风景道、自然风光带为廊道，景区景点为依托的自驾游网络体系。加快传统餐饮住宿企业转型升级，推出"绿色饭店"、"绿色旅游酒店"、"智慧餐厅"、"旅游民宿"等新模式新业态。

(二) 以环境优化为牵引，夯实江西旅游发展基础

1. 对景区进行优化提升

把景区质量提升上升到关乎百姓福祉、关乎为游客服务初心的高度，按照分级管理的制度设计要求，打破地方保护主义的狭隘思维，从整个产业健康可持续发展的要求出发，加强景区升级和退出机制的常态化执行力度。广泛吸纳社会力量参与决策过程，从而实现上下联动、内外联动，凝聚全社会力量共同推动景区质量提升，共同维护 A 级景区金字招牌。必须转变"重建轻护"的意识和态度，将游客满意度作为景区发展的动力，保持景区创建后服务质量不下降。各地景区评定应严格执行标准，规范评定程序，提升评估专家水平，避免"拔苗助长"。应主动开展游客满意度调查，关注舆情变化，及时发现和处置存在的问题。

2. 对前哨服务站进行加快部署

加强全省范围内游客信息咨询服务中心（网点）建设，完善景区介绍、旅游咨询、游程信息、导游、休息、通信、邮电、便民服务、景区形象展示、投诉处理和安全提示等功能，有条件的提供医疗救护服务。各市、县（区）对旅游咨询服务进行重新审视，通过自查摸底，在规范服务程序、拓展服务范围、延伸服务触角上加以改进提升，对辖区旅游咨询服务体系建设进行规划布局。在全省交通枢纽、重点景区、商业中心等游客和市民聚集的区域都设置游客信息咨询服务中心。全省星级酒店、等级博物馆和高速公路服务区也加快实现旅游咨询服务全覆盖。

3. 对末梢联接线进行全线贯通

规划建设旅游公路，对现有公路进行改造提升，开通风景线、织好循环线，沿线设置特色绿化、慢行系统、观景平台、特色基地等，增强游客的体验度，实现与高铁、高速公路、客运枢纽等"快进"系统与"慢游"系统的无缝衔接，最大限度地保护和利用道路沿线范围内原有的植被和景观资源，使旅游公路与沿线山水风光、乡村风情相融合，将江西山水资

源、旅游景点、历史古迹、乡土文化有机结合,全面展示江西之美。完善旅游公交网,开通覆盖重点旅游景区及乡村旅游点的城市旅游公交线路,将主要景点和行政村、自然村、乡村旅游节点、美丽乡村以及特色田园乡村试点村串起来,使原本分散游离的自然元素和乡村景点连接成新的优质资源,打通全域旅游向纵深扩展的神经末梢。

4. 对智慧平台进行接入延伸

积极推进线上智慧旅游"一部手机游江西"公共服务平台建设,搭建由官方网站、微信、微博和视频监控系统组成,为游客和市民提供智能导游、电子讲解、在线预订、信息推送、智能找厕、智慧停车等融合各类信息的线上服务。建成"一部手机游江西"游客服务平台、宣传推广平台、数据中心,江西的休闲好去处、旅游优惠活动以及旅游法规政策,游客和市民都可以通过手机查询到。除了资讯信息,全省3A级以上景区、交通要道、交通枢纽的视频监控信号也要接入该智慧旅游平台,能实现对景区容量、天气状况、停车场状况、交通路况等要素信息的实时采集和掌握,方便旅游预警信息的及时发布。建成"一部手机游江西"行业监管平台、延伸拓展平台。

5. 对旅游要素进行扩展丰富

打造"吃在江西",充分挖掘江西地方菜肴,丰富赣菜体系,提升赣菜烹饪品牌,强化推广赣南客家菜、豫章菜、饶帮菜等赣菜系列,举办"赣菜美食文化节"、"休闲农业乡土美食推介活动"等活动,吸引"舌尖上的中国"等品牌栏目走进江西,大幅提升赣菜知名度和影响力。打造"住在江西",充分利用既有酒店及废弃工业厂房、仓储用房等老旧设施改造成为精品酒店,打造一批乡村精品民宿,在旅游重点区域建成多个精品酒店。打造"购在江西",充分挖掘表现地方特色的自然风光、名胜古迹、生活习俗、传统艺术等,以此作为创新素材,进行创意加工,开发一批样式独特、功能独特、工艺独特、包装独特的创意旅游商品。打造"娱在江西",引入一批趣味性、互动性较强的体验项目。例如,太空漂移车通过VR技术与专业设备的结合,可身临其境地遨游太空;VR滑雪可利用模拟器体验滑雪这项极限运动的紧张刺激感,打造旅游消费街区、集聚区,建设一批城市旅游综合体。

6. 对市场环境进行引导整改

建立常态化联合执法机制,严厉打击虚假广告、欺客宰客、恶性竞争、不合理低价游等市场顽疾,实施旅游市场黑名单制度。各相关部门、街道将增派执法力量,采取日常巡逻监管和联合集中整治相结合的方式,坚决对占道经营、无经营资质、上街揽客的售票点、旅游门市部等现象予以取缔整治,不断挤压旅游乱象的生存空间,切实构建安全、健康、有序的旅游市场环境。畅通投诉受理渠道,建立市、县(区)统一的旅游投诉受理平台。鼓励各地设立诚信理赔专项资金,推广旅游消费侵权先行赔付机制。

(三) 以市场开拓为抓手,扩大江西旅游的知名度和影响力

1. 对旅游品牌做到深耕厚植

紧紧依托江西良好的自然生态环境和优势,加快提升生态旅游品质,助推国家生态文明试验区建设,不断扩大优质生态旅游产品供给,开展生态体验、生态观光、生态认知、生态教育的旅游开发方式,大力打造生物多样性、资源丰富性、价值独特性等旅游核心吸引物,着力培育不同类型、独具特色的生态旅游产品体系。做好"江西风景独好"品牌提升行动,明确各个地区的城市品牌建设、创新营销、前瞻策略,结合当下新型业态下的特色旅游热点领域(如乡村旅游、休闲农业、医疗健康养生游、露营基地、自驾车旅游、宗教文化旅游、民俗文化体验等)旅游产品培育,深度融合文化创意,充分体现文化之魂。逐步构建区域品牌、市县品牌、景区品牌、产品品牌等互为支撑的"江西风景独好"品牌体系。

2. 对旅游宣传做到广泛发动

制订江西旅游形象宣传计划,以"江西风景独好"为引领,以南昌——天下英雄城南昌;九江——大山大水、大九江;景德镇——一座与世界对话的城市;萍乡——萍水乡逢,缘聚天下;新余——仙女下凡地,抱石故园人;鹰潭——闻说仙家眷此城;赣州——红色故都,客家摇篮;

宜春——一年四季在宜春;上饶——高铁枢纽,大美上饶;吉安——红色摇篮,山水吉安;抚州——一个有梦有戏的地方为宣传重点,鼓励各地在城乡公共场所、公用设施、代表性建筑上设置旅游形象标识。制作旅游形象宣传片,利用户外电子屏、电视传媒、网络媒体等滚动播放。打造文化节庆活动,按照定位准确、主题突出、特色鲜明、梯次发展的要求,进一步做大做强特色旅游文化节等节庆活动知名度,努力从不同侧面、不同层次向外界宣传和展示一个整体地域绚丽多彩的文化旅游资源。

3. 对国内游客做到更进一竿

实施周末休闲工程,鼓励员工结合工作安排和个人需要分段灵活安排带薪年休假、错峰休假。把握节假日及高峰期旅游消费集中的规律特征,优化景区与周边高速公路的衔接,督促各地在节假日期间加强高速公路和景区道路交通管理、增加公共交通运力、及时发布景区拥堵预警信息。推进浙皖闽赣国家生态旅游协作区建设,实施资源共享、客源互送。鼓励各地出台旅游包机、专列奖扶政策,支持旅游企业积极开拓市场。每年制定"引客入赣"计划,全省各地按照文化旅游揽胜、艺术精品欣赏、新兴时尚采撷、传统工艺体验、数字文化畅享、人文素养提升六大板块,广泛组织开展文化消费、文化惠民活动,演出季、电影月、动漫周等主题消费活动。

4. 对境外游客做到高瞻远瞩

整合已有资源,提升入境旅游统一宣介平台水平。每年制订入境游计划,对各地区入境游进行考核。鼓励和支持景区、旅游企业开发一批适应外国游客需求的旅游线路、目的地、旅游演艺及特色商品,依托省内外旅游服务机构与主要客源国和地区旅游渠道商开展战略合作。开通、加密南昌至日韩、东南亚、澳洲等国际航线,实施入境旅游奖励专项资金、会奖旅游奖励资金、境外游客购物离境退税、过境免签等一系列政策措施。开展"旅华外国人江西七日游";"嗨游江西,外国人过中国节"等活动。

(四) 以整合资源为关键,推动江西旅游转型升级

1. 对景区管理实行体制改革

加快推进庐山、三清山等重点景区管理体制改革,深化武功山经营管

理体制改革,破解"过于依赖门票经济"、"一景多管"、"二次消费能力弱"、"产品体验差"等问题,充分尊重各地景区历史权属和经营性资产等现状,盘活存量、做大增量、做优质量,实现景区统一规划、统一品牌、统一门票、统一线路、统一标准、统一营销,在此基础上,各地政府对景区的经营性投资整合优先,景区资源整合优先。厘清景区资源产权,明晰国有与民营景区经营性资产,明确景区管委会行政管理权与所属企业经营管理权的界限,推动所有权、管理权和经营权"三权"分离,加快建立"小管委会管理,大集团化运营"的管理体制。充分调动地方政府和企业积极性、主动性、创造性,形成合力,共同经营、共同开发。

2. 对经营方式实行集团运作

结合企业融资发展需要,依法依规整合其他国有资产注入省旅游集团,不断增强集团资产实力。支持各级旅游集团通过项目融资、联合投资等方式与社会资本合作,不断壮大企业规模与实力。在现有文旅产业发展基金的基础上,引导各级旅游集团与金融机构、专业投资机构合作,再发起设立一批文旅产业发展基金,撬动更多的社会资本参与旅游资源开发。对接全省企业上市"映山红行动",加快旅游企业上市步伐,重点推进省旅游集团及有实力的地市旅游集团上市。

3. 对各类业态实行全面融合

实施全域旅游发展战略,创新实施"旅游+农业"、"旅游+工业"、"旅游+文化"、"旅游+商业"等旅游模式,鼓励和支持其他领域大型企业进入旅游业,整合各领域经营资源发展新兴旅游业态。促进旅游业从门票经济向产业经济转变,深化旅游供给侧结构性改革,推动旅游与一二三产业融合发展,抓改革、强营销、增供给、优服务,不断增加优质旅游产品新供给。通过"以奖代补"扶持发展乡村旅游专业合作社,积极推进乡村旅游合作社规范发展,努力实现农旅结合、文旅互动、兴旅富民、精准扶贫。

4. 对整合路径施行项目指引

坚持"项目为王",推动一批标志性、引领性、关键性的重点旅游项目早日开工建设,切实解决重点项目建设中的资金筹措、征地拆迁难等突出问题,千方百计把重点项目落下来、建设好。各地切实落实好并联审批、绿色通道等便利化制度和措施,加快项目审批进度。建立省、市两级重点旅游项目库,举办省、市旅游产业投资推介会。建立省、市、县(区)领导挂点联系重点旅游项目机制,推动一批旅游精品工程、示范项目落地。

第九章

"十四五"江西旅游强省建设的
空间布局和重点工程

一、空间布局

综合考量江西旅游资源分布特点、产品主题特色和区域旅游发展现状与走向，改变以景区为重的旅游发展思路，注重旅游增长极的建设。"十四五"期间，全省旅游业重点构建"一圈三区三带五中心"空间格局。在此基础上，通过各种便捷的交通网络联通辐射全省区域，构建互联开放型省域全域旅游发展大格局。

（一）一圈

"一圈"即环鄱阳湖生态旅游圈。

环鄱阳湖生态旅游圈特色游有三个系列，即环湖生态旅游系列（观鸟、草洲、治沙、冰川遗迹、森林、山岳、瀑布等）、文化旅游系列（名人故居、古代书院、摩崖石刻、古战场、革命文化、宗教文化等）、休闲旅游系列（温泉、漂流、泛舟、垂钓、康体疗养等）。环鄱阳湖生态旅游圈应着力构造特色鲜明的区域旅游框架，重点培育特色产品、特色品牌，在特、新、奇上做好文章，加强各个县市的协调，推出富有鄱阳湖地区特色的综合旅游产品，增强环鄱阳湖旅游产业在全省、全国的竞争力。通过以鄱阳湖为中心的流域自然景观与历史文化遗产的重点开发和旅游产业的向心聚集，打造具有江西品位、中国气派、普世价值、未来高度的生态旅游先行区和示范区，构建生态文明社会的旅游吸引力和自强不息、厚德载物的全新旅游文化，进而协同促进整个江西生态、社会和经济的向优转化。

（二）三区

"三区"即赣南等原中央苏区红色旅游集聚区、赣西休闲康养旅游集聚区和赣东北世界遗产旅游集聚区。

1. 赣南等原中央苏区红色旅游集聚区

赣南红色旅游资源丰富，被列为全国 12 大重点红色旅游区，主要有著名的苏维埃三大旧址群、长征第一山、长征第一渡、宁都起义指挥部旧址、将军县兴国等。依托丰富的红色旅游资源，应着力构建以瑞金为龙头，兴国、于都为重点，宁都、会昌、寻乌、石城、大余、信丰为支撑的"1＋2＋N"红色旅游协同发展格局，打响"共和国摇篮"、"苏区干部好作风"、"长征集结出发地"等红色旅游品牌，并从优化红色旅游发展布局、推动红色旅游产品创新、打造红色教育培训品牌、加强红色旅游宣传推广、加强红色旅游要素保障等方面入手保障红色旅游发展。

2. 赣西休闲康养旅游集聚区

以建设国内知名康养度假旅游目的地为目标，大力发展森林康养、抗衰康养、运动康养、禅宗康养等，加快建设康养旅游产业体系，打造康养旅游文化。把旅游度假区建成支撑点，把旅游镇村建成新热点，把旅游街区建成增长点，让旅游产品有"亮点"，让旅游项目有"看点"，让旅游营销有"卖点"。高起点建设赣西游客集散服务中心，以点带面，辐射整个赣西区域。开通连接赣西三地主要景区的旅游公交线路，实现旅游景区间的无缝对接。科学编制赣西绿色精粹黄金旅游线路建设性详规，开通观光巴士，开辟"环城游"线路。倾力推出武功山—温汤镇—仙女湖"山水湖赣西精粹游"、井冈山—莲花—安源—万载—上高—铜鼓"红色经典游"精品线路、新余圣集寺—萍乡杨岐山普通寺—宜春栖隐禅寺—宜丰黄檗禅寺专项旅游线路等,以及运动康疗、山水生态、乡村休闲等特色旅游线路。着力把赣西打造为全省产业转型升级样板区、中部地区城乡融合发展先行区和全国生态康养宜居胜地。

3. 赣东北世界遗产旅游集聚区

作为江西旅游黄金区域的赣东北,具有世界文化景观庐山,以花岗岩造型多变荣获世界自然遗产称号的三清山,因丹霞地貌申遗成功的龙虎山、龟峰,已成为享誉海内外世界遗产旅游集聚区。加快推行赣东北旅游"一票通",进一步完善提升龙虎山旅游度假区,支持上饶县灵山风景区和鄱阳湖国家湿地旅游区、景德镇御窑厂遗址等创建国家 5A 级景区。支持景德镇御窑厂遗址申报世界文化遗产。同时加快建设昌景黄铁路,积极推动六安景铁路纳入国家"十四五"铁路网规划,积极争取景德镇至鹰潭、鹰潭至南丰至瑞金铁路纳入国家铁路网规划,研究推动上饶旅游轻轨建设。

(三)三带

"三带"即依托赣江打造千里赣江风光带,依托沪昆、京九等高铁打造高铁旅游风光带和依托"四纵六横"高速公路网打造自驾休闲旅游风光带。

1. 依托赣江打造千里赣江风光带

依托赣江所流经的南昌、吉安和赣州 3 市,通过实施创新驱动和产业转型升级,开展流域生态综合治理,着力彰显自然生态之美,绿色发展之美,和谐文明之美,推动"全景赣江、全域旅游"发展,提升水体美,打造岸线美,实现产业美,真正实现"水美、岸美、产业美"。同时启动赣江生态保护与综合治理项目,涵盖生态植被修复、水土保持与综合治理、水环境保护与治理、河堤修复与整治、水生生物保护、污水处理以及"两口"(取水口、排污口)的实时监测系统建设。

2. 依托沪昆、京九等高铁打造高铁旅游风光带

依托沪昆高铁串联上饶、鹰潭、抚州、南昌、新余、宜春、萍乡 7 市，依托京九高铁串联九江、南昌、吉安、赣州 4 市，东西南北两向形成的铁路网，点线面结合、多层次推进，着力打造沪昆、京九高铁旅游经济发展主轴，加快形成空间优化、功能合理、网络健全、协调发展的高铁旅游经济带。

3. 依托"四纵六横"高速公路网打造自驾休闲旅游风光带

依托婺源至上饶至铅山高速公路、济南至广州国家高速公路江西段、大庆至广州国家高速公路江西段和上栗至莲花高速公路 4 条南北纵线，形成外部对接华北、华中、华南、港澳客源市场，内部串联九江、南昌、新余、吉安、赣州、景德镇和鹰潭等市，打造纵贯全省南北的高速公路沿线自驾旅游经济带。依托彭泽至瑞昌高速公路、婺源至修水高速公路、莆田至炎陵国家高速公路江西段、泉州至南宁国家高速公路江西段、厦门至成都国家高速公路江西段和寻乌至龙南高速公路 6 条东西横线，形成外部对接华东、华中、华南、港澳客源市场，内部串联九江、景德镇、上饶和赣州等市，打造纵贯全省东西的高速公路沿线自驾旅游经济带。

（四）五中心

"五中心"即景德镇世界陶瓷文化旅游中心、鹰潭道文化旅游中心、赣州客家文化旅游中心、宜春禅宗文化旅游中心和抚州戏曲文化旅游中心。

1. 景德镇世界陶瓷文化旅游中心

以景德镇国家陶瓷文化传承创新试验区建设为契机，依托厚重的陶瓷文化资源，发展壮大陶瓷创意、设计服务、国际艺术制作、文物复制等优势业态，打造国际陶瓷文化旅游核心产品，打造对外文化交流新平台。以创建国家全域旅游示范区为引领，做大做强陶文旅集团，加快建设以陶阳里、陶溪川、陶源谷为代表的一批最具魅力、最有特色的文旅项目，打造成为世界著名陶瓷文化旅游目的地。

2. 鹰潭道文化旅游中心

依托鹰潭龙虎山丰富独特的道文化资源，挖掘深厚的道文化内涵，全面提升鹰潭的旅游形象和品位，塑造鹰潭对外开放的良好形象。以举办鹰潭龙虎山道文化国际旅游节系列活动为切入点，充分展现鹰潭市浓厚的丹霞山水文化、道文化，把鹰潭龙虎山道文化国际旅游节打造成一个国际化的旅游、文化、经贸交流平台，促进鹰潭市旅游业和社会事业快速健康发展。在推进文化旅游大融合的背景下，紧紧抓住交通枢纽的天然地理优势、围绕"高铁＋文化旅游"不断调整文化旅游产业结构和客源市场，着力将鹰潭打造成为世界知名、国内一流的道文化全域旅游目的地。

3. 赣州客家文化旅游中心

唱响"世界围屋之都"品牌，对客家文化中具有代表性的特色街区、建筑民居、民俗风情、传统技艺、文化美食等进行提炼，设计一套具有赣南特色的客家文化形象标识和参观体验项目。做好赣南客家围屋抢救性维修保护、开发利用工作。加快推进安远三百山创5A、定南莲塘古城、龙南武当山和关西围、安远东生围、全南雅溪围等重点景区开发和基础设施建设，提升文化品位，将有条件的围屋改造为精品休闲客栈，引入"文化空间"理念，回迁部分村民，建设非遗工作室，活态展示客家生产、生活与生态，打造体验性、参与性与趣味性强的"围屋体验"文化综合体。打造客家文化旅游精品线路，把赣州建设成为全国客家文化旅游的首选目的地之一。

4. 宜春禅宗文化旅游中心

宜春禅宗文化旅游发展的总体空间布局在地域范围上应覆盖宜春市境内的九岭山脉，并以其优美的自然风光和众多知名禅寺为依托，主打禅宗文化牌。在具体操作上，以靖安宝峰寺、奉新百丈寺、宜丰黄檗寺和洞山普利禅寺为主轴，以铜鼓灵石庵为延伸，以中心城区及近郊的化成寺、栖隐禅寺、慈化寺为呼应，形成一条以禅宗探源和禅寺观光、禅修体验为特色的禅宗文化旅游线路。充分挖掘和利用好现有以"临济宗、沩仰宗、曹洞宗3个祖庭"；"马祖兴丛林"；"百丈立清规"为主要内容的禅宗文化史迹挖掘禅宗文化底蕴，加强旅游开发和文化宣传，使宜春真正成为国内外知名的"禅宗圣地"、"世界禅都"。

5. 抚州戏曲文化旅游中心

深入挖掘抚州戏曲文化资源，持续举办汤显祖戏剧节暨国际戏剧交流月活动，加快文昌里历史文化街区、三翁戏曲小镇等戏曲生态文化保护试验基地建设，利用历史、文化、山水旅游资源，集点、连线、成面，把抚州打造成"写戏、演戏、唱戏、评戏、看戏"的"戏曲城市"，推动文化与旅游深度融合，进一步将传统戏曲文化融入"一带一路"，推动文化"走出去"，促进文化交流与交融，着力打造全国历史文化名城和"中国戏曲之都"。

二、重点工程

（一）实施旅游精品工程

打造红色旅游精品。依托全省红色旅游核心资源和经典景区，进一步挖掘红色历史、讲好红色故事，布局建设更多的红色旅游精品项目，推动井冈山、瑞金等红色旅游经典景区持续提升品质和服务水平，发挥红色旅游示范效应。优化全省红色旅游发展空间布局，实现红色旅游特色化、品牌化、差异化发展。打造文化旅游精品。以南昌汉代海昏侯国遗址、景德镇御窑厂遗址、赣南客家围屋等为依托，挖掘整合全省历史、民族、民俗和民间文化资源，培育一批文化旅游精品，形成独具魅力的文化影响力和特色鲜明的旅游吸引力。打造休闲度假旅游精品。依托井冈山、三清山、龙虎山、武功山、明月山、大觉山、龟峰等，开发一批山区休闲度假基地。依托鄱阳湖、庐山西海、仙女湖、陡水湖等，开发一批湖泊休闲度假基地。依托梅岭、三爪仑、阳明山等国家森林公园，开发一批森林体验基地、森林避暑基地。打造乡村旅游精品。充分发挥乡村旅游资源优势，打造一批标志性乡村旅游精品项目，培育一批精品旅游特色村、精品旅游小镇、精品创意农业旅游园区和乡村旅游度假区，整体推动全省乡村旅游的提档升级。

（二）实施业态融合工程

强化资源整合，在更大范围内、更广领域上推动江西旅游发展。推动生态、文化、旅游"三位一体"深度融合，推进文物遗迹和文化遗产景观化，深入挖掘自然等非文化景观的文化属性。将观光、休闲、度假功能融入旅游的吃、住、行、游、购、娱等全过程，拓展旅游业发展空间。大力发展水上旅游和生态休闲旅游项目，推进国家级生态旅游示范区、省级生态旅游示范区、生态旅游示范乡镇建设。推动赣南等原中央苏区建设成为全国领先的红色旅游目的地、红色旅游示范区。进一步释放陶瓷文化、庐陵文化、临游、研学旅行、乡村旅游。结合养老服务业、健康服务业发展，鼓励培育老年旅游，发挥中医药优势，形成一批中医药健康旅游服务产品。积极推动体育旅游，加强竞赛表演、健身休闲与旅游活动的融合发展。推进整形整容、内外科等优势医疗资源面向国内外提供医疗旅游服务。以江西快线开通多条短途航线为契机，推进通航旅游目的地优质资源整合，谋划一批空中飞行观光精品线路，以"通用航空＋旅游观光"模式促进通用航空与旅游融合发展。

（三）实施服务提升工程

加快建设智慧旅游景区、乡村和城市，实施景区提升工程，4A级以上山岳型景区实现"一路（景区公路）三道（栈道、索道、游步道）一平台（观景平台）"基本配套建设。加大一般性景区的景观价值、服务设施的提升和改善，增加其核心吸引力，对资源价值不高、核心吸引物提升困难的景区放开门票管制。完善交通干线标识系统及沿线停车场等配套设施,加快城市和重点旅游景区自驾车营地建设。建立通达景区、景点的各种交通方式无缝对接的运输体系,支持重点景区开设旅游直通车。推进旅游公路建设,优化高速公路与景区、景点连接通道,改善旅游线路网络,鼓励各地推行旅游公交"一卡通"。推进铁路旅游发展,构建"北上南下、东进西行"铁路旅游出行通道,实现海铁、空铁旅游联运,重点旅游城市要建立游客中转站,在火车站(高铁站)与机场、主要景区间建设快速公交专线,开通更多串联省内旅游重点城市和景区的动车。加快航空旅游市场发展,重点在昌北国际机场开通10条左右国际航线,对重点旅游客源地城市实现航班密集化,鼓励旅行商或包机商开通旅游包机,加快推进南昌地铁线路进机场。健全旅游接待设施,推动旅游咨询全覆盖,优化以星级饭店为龙头,精品特色酒店、经济型酒店及民宿为重要组成部分的多层次食宿接待体系。

(四) 实施形象推广工程

大力开展旅游目的地精准营销。借鉴贵州经验,针对"十大火炉城市"、沪昆高铁沿线城市、周边省会城市等开展点对点精准营销,组织市县联合策划一批以春赏花、夏避暑、秋观叶、冬泡泉为主题的系列旅游活动,大力拓展国内旅游客源市场。加大境外旅游宣传营销力度。紧盯港澳台等传统客源市场,进一步推广"江西风景独好"品牌,赴东北亚、东南亚、欧美等入境旅游客源地国家开展旅游营销活动,进一步扩大江西旅游在世界朋友圈的影响力。强化旅游文化节会品牌打造。着力把中国(江西)红色旅游博览会、江西庐山国际文化旅游节、江西婺源国际旅游文化节等打造成为知名旅游节会品牌,支持各地举办乡村旅游节、温泉旅游节、避暑旅游节、美食旅游文化节等节会活动,强化以节促游。建立统一的旅游产品互联网营销终端。进一步发挥主流媒体旅游宣传优势,加大新媒体的营销力度,运用微博、微信、微电影、虚拟现实、增强现实等技术,全方位展示江西旅游整体形象。

（五）实施消费升级工程

完善旅游餐饮消费体系，以特色赣菜和地方菜肴为依托，以本地绿色无公害农副产品为主要原料，加快建设一批特色旅游餐饮街区，推出一批民间风俗特色小吃，打造一批"江西旅游名小吃"。健全旅游接待酒店体系，加快推进主要旅游景区和旅游城市的主题酒店、精品民宿、温泉酒店、乡村客栈建设，促进旅游住宿向品牌化、连锁化、规范化、便利化转型升级。挖掘旅游购物潜力，大力推进主要旅游消费中心购物一条街、财物中心建设，建设一批具有一定规模的特色旅游商店，并积极拓展江西旅游产品在线销售渠道。通过发展景区演艺、增加参与性娱乐项目等方式，丰富旅游娱乐产品，同时针对美食购物和文化旅游等游客夜间主要活动内容及其场所，开发富有地方特色的夜间旅游精品项目，吸引游客夜间驻留和夜间出行，提高游客消费水平。

第十章
"十四五"江西旅游强省
建设的政策建议

一、深入挖掘和有效整合旅游资源，
推动旅游业量增质升

一是以重大项目带动旅游资源开发。大力引进生态养生、生态休闲、生态度假、会展等项目，打造生态品牌，强化核心吸引力，分区域布局、分功能开发，分阶段推进，健全省、市、县、项目单位四级旅游项目储备体系，不断调整充实江西旅游产业项目库，实现对旅游项目的动态管理，打造旅游经济全产业链。二是依托山旅游和水旅游两条主线，探索由山向水转型的发展新模式。深入挖掘山文化，开发一批高档次的山区休闲度假基地、创建旅游产业园区，出台促进江西水旅游产业发展的相关规划，打造一批多功能水上旅游基地，拓展温泉康体旅游等专项水上旅游产品，积极举办中华龙舟大赛等水上赛事，增强水旅游吸引力，构建鄱阳湖、庐山西海、仙女湖、陡水湖等大批湖泊旅游联动发展体系。三是推动城际旅游一体化升级。发挥省内旅游强市增长极效应，降低城际车辆通行费用，扩大旅游通票城市容量，实行城市组团宣传策略，建立景区之间的对接帮扶机制，开展国际著名旅游城市、国内著名旅游城市和旅游名镇创建活动，打造一批城市旅游品牌和旅游名镇，形成"一核三片五城十县百区"旅游目的地体系,整体构建"三线八圈"旅游线路框架体系。

二、推动多业态融合发展,提升旅游业整体竞争力

一是推动生态、文化、旅游"三位一体"深度融合。发挥生态、文化、旅游产业政策的叠加效应,推进文物遗迹和文化遗产景观化,深入挖掘自然等非文化景观的文化属性,将文化融入旅游的吃、住、行、游、购、娱等全过程,加快构建文化旅游产业体系。二是加快传统节日与营销的融合。整合地方特色资源与传统节日,举办系列旅游活动,分阶段推出特色旅游精品,实施捆绑式营销战略,大力推行营销互动,传统媒体与新兴媒体并重,形成多媒体、全覆盖、大推广的大营销。三是强化空白点与传统景区的融合。加快旅游空白点开发及特色营销,塑造旅游新品牌,高起点规划、高标准建设,为尽快跻身全国旅游业发展第一方阵注入新的活力。四是注重品牌与产品的融合。进一步做大做强"江西风景独好"旅游品牌,打造一批知名特色产品,以产品特色助力品牌打造,以品牌宣传推广特色产品,推进品牌项目建设,选出精品产品进行高位推动并做大型宣传。

三、加快航空与旅游联动发展,增强旅游业对外辐射力

一是进一步统筹谋划和推进航空与旅游的有机融合及联动发展,加强航空和旅游产业深度交流和合作,打造大众化航空和旅游产业链。二是引导昌北国际机场与航空公司、旅行社等单位进一步整合资源、联合营销、创新合作,推

出一批有特色的航空产品和票价政策,实现共同繁荣,携手打造特色旅游品牌。三是推动战略协同与联合营销。旅游业与民航业更应该尽快实现战略上的协同,旅游业与民航业需要通过组织优化,建立相似的战略协同机构,实施联合营销与发展计划。四是大力开拓入境旅游市场,积极研究并出台外国人入境过境旅游便利化政策、境外旅客离境退税政策以及宣传推广资金支持政策。

四、协调发展好各旅游要素,强化旅游业多点多极支撑

一是完善旅游接待主体市场。推动大型旅行社走国际化、集团化、网络化道路,引进外资参与整合重组、优化资本结构,通过联合、兼并、收购或股份制改造等多种形式组建省旅游集团公司及旅游企业集团、旅行社集团、旅游饭店集团、车船集团等专业性集团公司,发展旅游中介服务机构,加快推进主要旅游景区和旅游城市的高级酒店建设。二是构建便捷、高效的综合交通运输体系。完善交通干线标识系统及沿线停车场等配套设施,加快城市和重点旅游景区自驾车营地建设,鼓励旅行商或包机商开通旅游包机,筹建地方航空公司,推进湖泊型旅游景区码头体系建设工程,推进旅游景区无障碍设施建设项目。三是推动特色旅游餐饮建设。深入发掘地方美食文化内涵,培育旅游接待精品菜系,推进特色美食文化街建设,提高旅游餐饮业和住宿环境的档次和水平,开展旅游餐饮名店创建活动,打造赣菜烹饪品牌。鼓励餐饮企业邀请《舌尖上的中国》、《美食天下》等栏目来赣制作美食节目,加大对江西美食文化的宣传力度,提高全省旅游餐饮品牌的知名度。四是健全旅游购物体系。推进旅游景区购物一条街、购物中心建设,建成一批特色旅游产品商店,推进旅游纪念品、旅游工艺品、旅游文化艺术品、传统特色食品等创意研发,推出江西特色旅游商品推荐名单,推动主要景区特色旅游商品标准化。

五、全面提升旅游业管理水平,打造游客满意品牌

一是建立旅游示范典型。积极创建一批国家旅游示范区,建设一批旅游示范工程,出台相关配套优惠政策鼓励申报国家级森林公园、湿地公园和自然保护区。二是健全完善旅游标准体系。进一步完善旅游省级标准,对旅游设施和旅游行为进行系统全面的规范,提升标准化经营管理和接待服务水平。三是加强旅游行业管理。对全省旅游企事业单位在资格审定、旅游经营、业务考核、市场活动、财务审计等方面实行管理、指导、监督和检查。做好各项旅游行政规章的拟定和实施工作,把旅游行业管理纳入法制化的轨道。对于未经旅游行政管理部门批准经营旅游业务、超越经营范围、损害旅游者合法权益和江西旅游声誉的单位或个人,旅游行政管理部门和工商、公安、物价、外汇等有关部门应在各自的职权范围内,依据国家有关法规予以查处。四是推进旅游智能化管理。充分运用物联网、云计算等新兴技术建设智慧旅游平台,在旅游景区普及景区视频监控系统、门禁票务系统、GIS综合管理系统,GPS定位系统、电子政务系统等,最终实现由传统旅游管理方式向现代管理方式转变。五是加强消费者权益保护。遏制"门票经济"思维,真正回归公共服务产品的社会属性,为游客创造物美价廉的旅游环境。创新监管监督机制,建立科学的准入制度与营造公平、开放的服务环境。加强标准与规则制定,既要保护旅客的权益,也要有效制止旅客的不文明行为。

六、创新旅游业融资方式,做大做强旅游龙头企业

一是以资本和股权为纽带做大做强旅游集团。结合企业融资发展需要,依法依规整合其他国有资产注入省旅游集团,不断增强集团资产实

力。支持各级旅游集团通过项目融资、联合投资等方式与社会资本合作，不断壮大企业规模与实力。二是以产业基金撬动优质民间资本共同开发旅游资源。在现有文旅产业发展基金的基础上，引导各级旅游集团与金融机构、专业投资机构合作，再发起设立一批文旅产业发展基金，撬动更多的社会资本参与旅游资源开发。三是旅游企业上市融资。对接全省企业上市"映山红行动"，加快旅游企业上市步伐，重点推进省旅游集团及有实力的地市旅游集团上市。四是创新旅游融资工具。引导符合条件的旅游企业通过发行债券、私募股权等方式筹措资金，支持省内金融机构推出适合旅游企业的融资品种，探索开展门票质押、景区经营权资产证券化产品试点。

七、完善旅游业发展机制，激发旅游业发展活力

一是进一步加快主要旅游景区管理体制改革。理顺旅游景区的管理体制、转换经营机制，依据旅游资源所有权、管理权与项目特许经营权相分离的原则，采用公司化运作方式推动景区开发建设。二是推进规划落地与改革。加强旅游规划与国民经济和社会发展规划的衔接，在编制和调整城市总体规划、土地利用规划、基础设施规划、村镇规划时，应充分考虑旅游业发展需要。在旅游重点县（市、区）推进以旅游为主导的"多规合一"试点。三是完善旅游市场融资机制。降低民间资本和外资进入门槛，进一步放开旅游投资、经营领域，支持市场前景好、具有稳定现金流的景区探索资产证券化试点，加快旅行社改革开放步伐，推进股权多元化，建立银旅战略合作关系，积极争取中央规划资金完善旅游基础设施建设，联合兄弟省市共同注资开发跨行政区域旅游中心、推出跨省域精品旅游线路，推动赣浙闽皖国际文化生态旅游示范区建设，鼓励吸引国外资金和社会资本投资，出台重点旅游项目投资目录。四是推行人才兴旅战略。整合大专院校教育资源，实行订单式培养，扩大人才教育培训合作范围，引进一批高素质的导游讲解、景区规划、市场营销、酒店管理等紧缺专门人才，推动人才国际化。

附　录

附表　江西旅游业及全国旅游业、航空业、入境游相关原始数据

2018 年江西旅游业原始数据

地区	A级旅游景区数量（个）	星级饭店数（个）	旅行社数量（个）	互联网宽带接入用户数（万户）	投资施工与投资项目数（个）	入境游客（万人次）	国际旅游外汇收入（万美元）	国内游客（万人次）	国内旅游收入（亿元）	旅游增加值占GDP比重（%）
南昌	30	54	400	237.9	2155	29.12	12680.93	8545.70	1061.94	20.30
景德镇	17	16	63	57.3	200	22.44	9709.19	4930.95	609.44	72.77
萍乡	16	8	69	59.8	177	6.92	2619.43	5005.45	593.81	59.02
九江	25	55	169	152.3	360	33.31	13710.95	8018.66	1013.16	37.87
新余	4	9	42	43.8	288	3.82	1382.72	4293.15	440.83	43.00
鹰潭	8	16	47	37.4	169	7.86	2797.75	4390.48	477.20	58.50
赣州	21	70	231	226.1	445	18.80	6635.39	6977.33	880.76	31.54
吉安	34	41	76	119.3	529	20.24	6660.39	6785.54	804.80	46.45
宜春	28	35	104	138.6	496	12.95	5120.91	6876.28	747.51	34.43

续表

地区	A级旅游景区数量（个）	星级饭店数（个）	旅行社数量（个）	互联网宽带接入用户数（万户）	投资施工与投资项目数（个）	入境游客（万人次）	国际旅游外汇收入（万美元）	国内游客（万人次）	国内旅游收入（亿元）	旅游增加值占GDP比重（%）
抚州	42	30	68	97.5	458	9.09	3038.88	4545.08	457.05	33.21
上饶	31	45	208	153.4	520	27.25	10181.38	7975.43	1009.28	45.92

地区	脱硫设施数（套）	废水治理设施数（套）	废气治理设施数（套）	固体废物综合利用率（%）	区域气象观测站（台）	服务业企业营业收入（亿元）	社会消费品零售总额（亿元）	一般公共预算支出（亿元）	交通通信品价格指数	商品零售价格指数
南昌	71	340	1151	95.91	107	810.52	2131.63	752.41	98.3	100.8
景德镇	42	66	308	89.07	57	69.64	340.66	204.36	98.2	101.2
萍乡	76	191	692	96.77	92	53.67	384.83	245.10	97.7	101.1
九江	133	215	1047	51.31	289	209.84	752.10	556.28	98.9	100.9
新余	79	141	874	84.77	53	36.63	274.36	140.35	97.8	101.5
鹰潭	52	84	192	84.23	49	101.57	220.79	140.33	94.7	101.9
赣州	304	601	1769	85.91	559	302.44	901.71	857.59	96.2	100.3
吉安	122	310	1185	98.26	369	260.57	514.19	484.52	98.6	100.2
宜春	406	547	1675	99.62	256	219.34	676.03	523.39	97.6	101.6
抚州	138	335	858	93.90	235	176.60	544.14	403.65	95.9	100.5
上饶	167	422	1226	11.78	384	281.16	826.00	622.27	97.8	101.3

2017 年全国旅游业原始数据

省份	旅游总收入（亿）	旅游总收入占 GDP 比重（%）	景区从业人员（个）	景区数量（个）	5A 级景区数量（个）	4A 级景区数量（个）	景区密度（个/万平方千米）	每百万人拥有景区数量（个）	旅游者人数（万人次）
北京	5468.80	0.20	24191	247	7	72	147.02	11.38	29746.16
天津	3545.42	0.19	10785	108	2	33	95.58	6.94	20848.21
河北	6140.90	0.18	61845	364	8	114	19.39	4.84	57091.01
山西	5360.21	0.35	16876	139	7	89	8.89	3.75	56140.00
内蒙古	3440.11	0.21	15713	311	3	107	2.63	12.30	11646.02
辽宁	4740.75	0.20	55100	365	5	89	25.02	8.35	50596.85
吉林	3507.04	0.23	10984	227	6	63	12.11	8.35	19241.33
黑龙江	1909.00	0.12	31580	363	5	100	7.98	9.58	16408.08
上海	4484.93	0.15	11830	99	3	50	157.14	4.09	32564.60
江苏	11590.73	0.13	66970	628	23	183	61.21	7.82	74657.41
浙江	9006.15	0.17	49336	577	16	185	56.57	10.20	63457.06
安徽	6196.90	0.23	37075	466	11	167	33.36	7.45	62978.09
福建	5083.33	0.16	25709	209	9	89	17.23	5.34	38225.74
江西	6435.09	0.32	64848	223	10	107	13.35	4.82	57239.28
山东	8705.76	0.12	147063	986	11	198	64.11	9.85	78406.52
河南	6729.67	0.15	52306	408	14	134	24.43	4.27	66359.89

续表

省份	星级饭店数量(个/万平方千米)	旅行社数量(个/万平方千米)	旅行社从业人员(人)	住宿业法人企业数(个/万平方千米)	餐饮业法人企业数(个/万平方千米)	从业人员比重(%)	入境游客(万人次)	入境旅游收入(亿元)
北京	308.93	677.98	37952	569.64	770.24	0.04	392.56	346.26
天津	74.34	350.44	4593	213.27	484.07	0.03	79.21	253.22
河北	22.16	73.15	8575	24.51	22.54	0.01	91.01	39.06
山西	14.65	49.78	8060	21.37	25.72	0.01	67.00	23.63
内蒙古	2.21	8.08	6843	2.50	2.79	0.01	184.83	84.08
辽宁	27.55	86.22	9444	30.98	23.65	0.02	278.85	120.02
吉林	9.39	33.83	4688	10.73	12.01	0.01	148.43	51.69
黑龙江	4.55	15.24	5151	4.62	2.26	0.02	103.88	32.37
上海	363.49	2001.59	31691	1476.19	2101.59	0.03	719.33	459.68
江苏	54.97	218.42	34809	102.05	181.19	0.01	370.10	283.14
浙江	61.37	201.08	7889	130.39	156.47	0.01	589.06	242.08
安徽	23.69	76.59	9781	39.30	86.97	0.01	351.09	194.45
福建	26.79	69.58	18308	73.37	84.67	0.02	691.74	512.19
江西	19.64	44.55	6196	31.68	26.83	0.02	174.69	42.52
山东	42.23	134.78	21105	71.78	115.41	0.01	440.52	214.25
河南	25.39	60.42	6483	85.15	74.43	0.01	155.89	44.65

续表

省份	旅游总收入（亿）	旅游总收入占GDP比重（%）	景区从业人员（个）	景区数量（个）	5A级景区数量（个）	4A级景区数量（个）	景区密度（个/万平方千米）	每百万人拥有景区数量（个）	旅游人数（万人次）
湖北	5514.90	0.16	42863	348	10	124	18.72	5.90	5740.93
湖南	7172.62	0.21	159867	386	8	97	18.22	5.63	66934.18
广东	11993.00	0.13	73045	336	12	162	18.67	3.01	1267375.52
广西	5580.40	0.30	29974	374	5	145	15.88	7.66	52324.44
海南	811.99	0.18	18150	54	6	15	15.88	5.83	6745.01
重庆	3308.00	0.17	22501	214	8	76	26.00	6.96	54200.00
四川	8923.06	0.24	68818	484	12	186	10.05	5.83	67260.17
贵州	7117.04	0.53	25778	251	5	70	14.26	7.01	74323.40
云南	6922.23	0.42	56285	202	8	68	5.27	4.23	57339.81
西藏	379.37	0.29	3084	49	2	14	0.40	14.54	2561.43
陕西	4814.00	0.22	46795	407	8	93	19.80	10.61	52284.74
甘肃	1580.11	0.21	19455	277	4	80	6.10	10.55	23897.28
青海	382.00	0.15	8118	76	3	20	1.05	12.71	3484.12
宁夏	277.72	0.08	4241	57	4	16	8.58	8.36	3103.16
新疆	1806.34	0.17	26521	289	12	88	1.74	11.82	10568.41

续表

省份	星级饭店数量(个/万平方千米)	旅行社数量(个/万平方千米)	旅行社从业人员(人)	住宿业法人企业数(个/万平方千米)	餐饮业法人企业数(个/万平方千米)	从业人员比重(%)	入境游客(万人次)	入境旅游收入(亿元)
湖北	23.94	56.86	16638	38.89	73.59	0.01	368.14	142.07
湖南	18.89	39.57	13030	37.72	44.15	0.04	322.28	87.44
广东	42.83	146.61	66522	143.22	311.33	0.02	3654.52	1347.33
广西	19.36	35.17	7898	22.08	13.56	0.01	512.44	161.71
海南	37.06	103.53	4525	75.88	15.29	0.05	111.95	45.97
重庆	25.52	75.58	8935	56.01	168.77	0.01	224.85	131.46
四川	8.87	20.52	6456	20.94	31.95	0.02	336.17	97.64
贵州	16.25	22.27	6229	36.48	34.26	0.01	32.40	19.12
云南	14.24	22.31	8464	15.94	14.06	0.02	667.69	239.65
西藏	1.56	1.67	2380	0.57	0.10	0.01	34.35	13.33
陕西	17.02	33.85	9601	42.75	62.01	0.03	383.74	182.55
甘肃	8.58	12.92	4518	7.72	8.03	0.01	7.88	1.41
青海	4.69	4.26	2303	1.36	0.73	0.02	7.02	2.58
宁夏	14.31	17.32	1618	11.90	10.24	0.01	6.53	2.54
新疆	2.13	2.42	4431	1.66	0.59	0.01	77.41	54.73

2017 年全国航空业原始数据

省份	民用运输机场数量（个）	机场密度（个/万平方千米）	每百万人拥有机场数（个）	飞行区等级 4D 以上数量（个/万平方千米）	吞吐量 100 万人次以上的机场数量（个/万平方千米）	通用机场数量（个）	产业园数量（个/万平方千米）	空中游览（个/万平方千米）	通用航空运营商数（个/万平方千米）
北京	2	1.19	0.09	1.19	1.19	7	0.00	1.19	31.55
天津	1	0.88	0.06	0.88	0.88	4	1.77	2.65	7.08
河北	6	0.32	0.08	0.11	0.11	6	0.00	0.00	1.01
山西	7	0.45	0.19	0.13	0.13	6	0.00	0.00	0.58
内蒙古	19	0.16	0.75	0.03	0.04	7	0.00	0.05	0.08
辽宁	9	0.62	0.21	0.14	0.14	9	0.14	0.41	0.96
吉林	6	0.32	0.22	0.05	0.11	4	0.00	0.05	0.27
黑龙江	12	0.26	0.32	0.02	0.02	79	0.00	0.04	0.29
上海	2	3.17	0.08	3.17	3.17	2	3.17	1.59	28.57
江苏	9	0.88	0.11	0.78	0.88	5	0.88	0.00	2.05
浙江	7	0.69	0.12	0.39	0.49	10	0.20	0.20	1.18
安徽	5	0.36	0.08	0.14	0.07	2	0.07	0.07	0.29
福建	6	0.49	0.15	0.33	0.25	2	0.33	0.16	0.25
江西	6	0.36	0.13	0.12	0.12	4	0.12	0.12	0.24
山东	9	0.57	0.09	0.38	0.32	5	0.13	0.19	1.27
河南	3	0.18	0.03	0.18	0.06	1	0.12	0.18	1.20

续表

省份	航站楼面积（万平方米）	机位数量（个）	民用航空航线数量（条）	从业人数（个）	从业人员比重（%）	驾驶员数量（个）	旅客吞吐量（万人次）	货邮吞吐量（万吨）	起降架次（万架次）
北京	143	321	351	81327	0.0072	2003	10174.02	205.28	63.86
天津	36	59	180	8836	0.0191	1475	2100.502	26.83	16.96
河北	24	91	206	4766	0.0048	2565	1363.60	4.50	16.57
山西	18	84	206	5994	0.0025	1558	1583.41	5.46	17.81
内蒙古	33	140	370	4672	0.0035	1052	2271.35	7.57	31.84
辽宁	52	128	325	20240	0.0010	3444	3582.16	32.62	34.84
吉林	24	90	197	6212	0.0015	1961	1386.16	9.54	10.71
黑龙江	13	67	304	8445	0.0016	2367	2170.59	12.52	16.74
上海	127	373	280	83947	0.0009	2114	11188.53	423.17	76.04
江苏	71	251	383	15241	0.0003	2445	4446.12	57.10	46.31
浙江	58	228	586	15276	0.0003	1288	5758.91	80.00	46.03
安徽	15	48	121	4465	0.0010	1579	1141.75	6.82	11.16
福建	50	201	418	19261	0.0009	750	4312.96	52.50	33.88
江西	19	88	201	3388	0.0009	838	1415.49	6.36	12.53
山东	42	185	562	17820	0.0003	3705	5023.61	41.03	48.94
河南	65	180	237	11194	0.0003	2342	2596.09	50.51	43.81

续表

省份	民用运输机场数量（个）	机场密度（个/万平方千米）	每百万人拥有机场数（个）	飞行区等级4D以上数量（个/万平方千米）	吞吐量100万人次以上的机场数量（个/万平方千米）	通用机场数量（个）	产业园数量（个/万平方千米）	空中游览（个/万平方千米）	通用航空运营商数（个/万平方千米）
湖北	6	0.32	0.10	0.22	0.16	4	0.16	0.05	0.97
湖南	7	0.33	0.10	0.09	0.05	1	0.00	0.05	0.47
广东	8	0.44	0.07	0.22	0.28	10	0.17	0.11	1.61
广西	7	0.30	0.14	0.17	0.17	22	0.00	0.17	0.30
海南	4	1.18	0.43	0.88	0.59	8	0.00	4.12	1.18
重庆	3	0.36	0.10	0.12	0.12	1	0.12	0.36	0.85
四川	13	0.27	0.16	0.04	0.04	16	0.04	0.29	0.31
贵州	11	0.63	0.31	0.17	0.23	1	0.00	0.11	0.40
云南	15	0.39	0.31	0.10	0.13	3	0.00	0.03	0.29
西藏	5	0.04	1.48	0.02	0.01	1	0.00	0.00	0.01
陕西	4	0.19	0.10	0.10	0.10	1	0.10	0.19	0.83
甘肃	8	0.18	0.30	0.07	0.02	4	0.00	0.09	0.09
青海	6	0.08	1.00	0.03	0.01	0	0.00	0.00	0.06
宁夏	3	0.45	0.44	0.15	0.15	4	0.15	0.15	0.45
新疆	19	0.11	0.78	0.04	0.04	72	0.00	0.02	0.07

续表

省份	航站楼面积 （万平方米）	机位数量 （个）	民用航空航 线数量（条）	从业人数 （个）	从业人员比重 （%）	驾驶员数量 （个）	旅客吞吐量 （万人次）	货邮吞吐量 （万吨）	起降架次 （万架次）
湖北	78	146	317	10551	0.0004	2517	2805.03	19.33	38.04
湖南	26	75	146	8517	0.0006	1467	2505.73	13.97	27.43
广东	203	446	1064	134402	0.0001	1831	12940.22	301.27	97.24
广西	43	127	343	8238	0.0008	508	2477.63	14.61	30.05
海南	27	212	507	21736	0.0013	245	4234.08	24.37	28.83
重庆	10	220	360	14102	0.0004	1404	3966.01	36.89	31.47
四川	59	232	424	38394	0.0002	5467	5776.96	66.16	60.41
贵州	13	97	281	10581	0.0007	451	2457.65	10.70	23.39
云南	69	253	454	23817	0.0005	1160	6278.84	46.27	51.29
西藏	5	35	61	1029	0.0018	11	454.83	3.54	4.17
陕西	38	158	279	12473	0.0004	2209	4437.65	26.50	37.06
甘肃	12	62	196	2395	0.0006	818	1470.25	6.37	13.72
青海	7	43	59	2280	0.0015	76	625.51	2.96	5.59
宁夏	14	53	115	2758	0.0008	103	825.34	4.23	12.26
新疆	32	175	288	13571	0.0001	1546	3015.70	18.75	35.89

2008～2017 年全国入境游客相关原始数据

省份	年份	入境游客（人次）	外国游客入境（人次）	港澳台游客入境（人次）	民航旅客吞吐量（人次）	人均GDP以2008年为基期平减后（元）	平减后的实际利用外商直接投资（元）	国内旅游人次（人）	产业结构指数	地方政府公共服务支出占GDP的比重（%）	AAAAA级景区数（个）	旅游业业人员总数量（人）代表旅游接待能力	铁路客运量（人）
北京	2008	15.15	15.03	12.98	17.86	11.07	24.47	18.77	1.01	-4.04	4	12.17	18.15
天津	2008	15.50	15.11	14.37	16.89	10.98	24.67	19.16	0.38	-4.25	2	10.24	16.78
河北	2008	13.47	13.18	12.08	16.47	10.04	23.89	16.79	1.15	-3.92	2	11.80	18.04
山西	2008	12.80	12.70	10.48	15.78	9.98	22.68	16.90	0.43	-3.49	2	11.53	17.67
内蒙古	2008	15.53	15.19	14.29	16.51	10.46	23.64	19.51	0.55	-3.55	0	10.48	17.47
辽宁	2008	14.56	13.98	13.74	16.19	10.37	25.15	18.59	1.03	-3.79	2	11.77	18.60
吉林	2008	9.58	9.36	7.97	14.67	10.07	22.65	16.01	0.26	-3.61	2	10.34	17.79
黑龙江	2008	15.81	15.60	14.16	18.09	9.99	23.60	19.23	0.51	-3.54	1	10.42	18.42
上海	2008	17.26	15.81	17.00	18.09	11.11	24.97	19.80	1.17	-4.26	2	11.75	17.79
江苏	2008	10.75	10.43	9.46	14.40	10.60	25.88	16.32	1.86	-4.09	4	11.97	18.30
浙江	2008	14.54	14.50	11.37	16.04	10.63	24.97	19.13	1.52	-4.05	3	12.43	18.06
安徽	2008	14.64	14.00	13.89	16.54	9.58	23.91	19.34	0.56	-3.63	2	11.23	17.66
福建	2008	11.42	10.91	10.50	15.27	10.30	24.97	17.88	0.80	-4.05	2	11.09	16.84
江西	2008	13.98	13.82	12.07	15.77	9.67	23.94	18.30	0.32	-3.65	2	11.21	17.77
山东	2008	14.79	14.47	13.48	16.56	10.40	24.77	17.06	1.83	-4.19	3	12.06	17.85
河南	2008	15.03	14.66	13.83	17.02	9.86	24.06	19.25	1.24	-3.79	3	10.84	18.13

续表

省份	年份	入境游客（人次）	外国游客入境（人次）	港澳台游客入境（人次）	民航旅客吞吐量（人次）	人均GDP以2008年为基期平减后（元）	平减后的实际利用外商直接投资（元）	国内旅游人次（人）	产业结构指数	地方政府公共服务支出占GDP的比重（%）	AAAAA级景区数（个）	旅游业从业人员总数量（人）代表旅游接待能力	铁路客运量（人）
湖北	2008	14.76	14.37	13.62	17.10	9.90	23.84	19.82	0.82	-3.75	2	11.42	17.71
湖南	2008	14.06	13.50	13.21	16.46	9.81	24.05	19.83	0.84	-3.65	2	11.65	17.96
广东	2008	12.32	12.14	10.49	14.83	10.54	25.49	16.36	2.07	-4.07	2	12.59	18.48
广西	2008	14.33	14.29	11.17	16.52	9.59	22.63	18.12	0.31	-3.44	2	11.25	17.08
海南	2008	14.91	14.60	13.62	17.28	9.78	22.91	20.21	-1.24	-3.34	2	10.74	13.38
重庆	2008	14.87	14.54	13.60	17.61	9.93	23.56	19.45	0.17	-3.73	2	10.81	17.02
四川	2008	13.29	12.85	12.27	16.20	9.65	23.80	19.70	0.91	-3.55	3	11.45	17.90
贵州	2008	14.26	13.01	13.92	16.10	9.20	20.76	19.77	-0.30	-2.96	2	10.44	17.28
云南	2008	13.44	12.61	12.87	16.56	9.44	22.41	19.74	0.12	-3.27	2	11.49	16.86
西藏	2008	13.64	13.40	12.09	15.93	9.52	18.90	19.96	-2.46	-1.82	0	8.86	13.46
陕西	2008	15.63	14.75	15.09	17.47	9.89	22.98	19.55	0.40	-3.48	3	11.21	17.77
甘肃	2008	14.94	14.60	13.71	17.79	9.43	20.61	20.26	-0.45	-3.22	2	10.98	16.77
青海	2008	13.58	13.44	11.58	16.86	9.82	21.15	19.15	-1.58	-2.69	0	8.94	15.22
宁夏	2008	15.07	14.53	14.19	16.25	9.88	19.89	20.26	-1.39	-3.35	2	9.58	15.34
新疆	2008	14.63	14.12	13.69	17.50	9.89	21.00	20.11	-0.20	-3.15	3	10.85	16.37

续表

省份	年份	入境游客（人次）	外国游客入境（人次）	港澳台游客入境（人次）	民航旅客吞吐量（人次）	人均GDP以2008年为基期平减后（元）	平减后的实际利用外商直接投资（元）	国内旅游人次（人）	产业结构指数	地方政府公共服务支出占GDP的比重（%）	AAAAA级景区数（个）	旅游业从业人员总数量（人）代表旅游接待能力	铁路客运量（人）
北京	2009	14.01	13.94	11.41	15.35	11.11	24.36	18.20	1.10	-4.05	4	12.12	18.22
天津	2009	14.09	13.72	12.93	14.84	11.04	24.69	18.41	0.50	-4.22	2	10.16	16.92
河北	2009	13.68	13.52	11.77	16.24	10.11	23.83	18.42	1.24	-3.91	2	11.84	18.09
山西	2009	15.23	15.05	13.45	18.02	9.98	21.89	18.91	0.43	-3.39	2	11.60	17.79
内蒙古	2009	15.56	15.14	14.47	17.05	10.59	23.58	19.31	0.69	-3.50	0	10.48	17.52
辽宁	2009	13.22	12.83	12.10	16.61	10.47	25.26	16.90	1.14	-3.83	2	12.19	18.71
吉林	2009	12.78	12.67	10.51	15.93	10.19	22.65	16.86	0.38	-3.69	2	10.32	17.86
黑龙江	2009	15.69	15.37	14.40	16.67	10.02	23.40	19.69	0.56	-3.62	1	10.40	18.43
上海	2009	14.73	14.16	13.90	16.30	11.14	24.92	18.76	1.25	-4.29	2	11.76	17.76
江苏	2009	9.80	9.46	8.54	14.92	10.70	25.76	16.14	1.98	-4.10	4	11.99	18.33
浙江	2009	15.72	15.53	13.94	18.13	10.69	24.86	19.26	1.59	-4.06	3	12.27	18.07
安徽	2009	17.32	15.83	17.07	18.17	9.71	23.88	19.97	0.70	-3.63	2	11.27	17.75
福建	2009	10.85	10.62	9.27	14.59	10.42	24.28	16.46	0.94	-4.09	2	11.09	16.85
江西	2009	14.55	14.48	11.77	16.21	9.76	23.91	19.34	0.42	-3.68	2	11.17	17.82
山东	2009	14.62	13.72	14.11	16.61	10.49	24.61	19.53	1.93	-4.24	3	12.05	17.93
河南	2009	11.53	11.11	10.47	15.47	9.93	24.11	18.18	1.33	-3.75	3	10.96	18.16

续表

省份	年份	入境游客（人次）	外国游客入境（人次）	港澳台游客入境（人次）	民航旅客吞吐量（人次）	人均GDP平减后的以2008年为基期平减后（元）	实际利用外商直接投资（元）	国内旅游人次（人）	产业结构指数	地方政府公共服务支出占GDP的比重（%）	AAAAA级景区数（个）	旅游业总从业人员数量（人）代表旅游接待能力	铁路客运量（人）
湖北	2009	14.03	13.89	12.03	15.92	10.03	23.81	18.44	0.97	−3.74	2	11.39	17.78
湖南	2009	14.80	14.53	13.36	16.68	9.92	24.04	17.26	0.98	−3.66	2	11.61	17.98
广东	2009	14.75	14.40	13.52	17.13	10.58	25.41	19.46	2.15	−4.15	2	12.70	18.46
广西	2009	14.77	14.51	13.31	17.11	9.68	22.55	19.95	0.42	−3.49	2	11.26	17.18
海南	2009	14.04	13.48	13.18	16.64	9.87	22.47	19.94	−1.13	−3.39	2	10.73	13.43
重庆	2009	12.41	12.21	10.70	14.96	10.04	23.72	16.54	0.29	−3.73	2	10.89	17.08
四川	2009	14.29	14.24	11.22	16.64	9.76	23.79	18.24	1.03	−3.59	3	11.48	17.89
贵州	2009	14.95	14.63	13.66	17.39	9.30	20.52	20.29	−0.19	−2.99	2	10.33	17.28
云南	2009	15.56	15.25	14.22	17.77	9.51	22.44	19.59	0.22	−3.26	2	11.32	16.87
西藏	2009	13.35	12.91	12.33	16.34	9.62	19.68	19.91	−2.35	−1.64	0	9.30	13.65
陕西	2009	14.32	13.12	13.96	16.17	10.00	22.93	19.97	0.52	−3.44	3	10.88	17.73
甘肃	2009	13.49	12.67	12.91	16.75	9.49	20.54	20.09	−0.37	−3.12	2	10.89	16.87
青海	2009	13.72	13.46	12.24	16.43	9.88	21.01	20.16	−1.51	−2.98	0	8.84	15.27
宁夏	2009	15.75	14.89	15.20	17.58	9.99	19.87	19.74	−1.26	−3.36	2	9.53	15.45
新疆	2009	15.03	14.70	13.76	17.87	9.90	21.03	20.32	−0.17	−3.08	3	10.85	16.41

续表

省份	年份	入境游客（人次）	外国游客入境（人次）	港澳台游客入境（人次）	民航旅客吞吐量（人次）	人均GDP以2008年为基期平减后（元）	平减后的实际利用外商直接投资（元）	国内旅游人次（人）	产业结构指数	地方政府公共服务支出占GDP的比重（%）	AAAAA级景区数（个）	旅游业从业人员总数量（人）代表旅游接待能力	铁路客运量（人）
北京	2010	13.53	13.42	11.29	13.97	11.21	24.29	18.40	1.25	-4.08	4	12.01	18.31
天津	2010	14.89	13.80	14.48	16.58	11.20	24.71	18.28	0.71	-4.54	2	10.14	17.07
河北	2010	13.46	13.08	12.31	16.76	10.26	23.77	18.98	1.41	-4.04	2	11.60	18.14
山西	2010	14.16	14.08	11.56	15.57	10.18	22.12	18.29	0.65	-3.75	2	11.33	17.87
内蒙古	2010	14.26	13.79	13.28	15.08	10.77	23.56	18.63	0.87	-3.83	0	10.49	17.56
辽宁	2010	13.86	13.65	12.21	16.47	10.65	25.41	18.62	1.33	-3.96	2	11.78	18.71
吉林	2010	15.40	15.25	13.44	18.15	10.36	22.63	19.00	0.56	-3.78	2	10.30	17.87
黑龙江	2010	15.74	15.31	14.68	17.17	10.21	23.39	19.50	0.75	-3.84	1	10.36	18.48
上海	2010	13.40	13.07	12.15	16.71	11.24	24.87	17.04	1.38	-4.33	3	11.61	17.93
江苏	2010	13.14	13.03	10.92	16.28	10.88	25.75	17.23	2.17	-4.18	9	11.92	18.39
浙江	2010	15.81	15.50	14.51	16.76	10.85	24.84	19.84	1.78	-4.16	7	12.06	18.21
安徽	2010	14.92	14.35	14.09	16.40	9.95	23.99	18.97	0.89	-3.81	2	11.11	17.83
福建	2010	9.88	9.53	8.67	15.07	10.60	24.15	16.27	1.12	-4.24	2	11.19	17.41
江西	2010	15.69	15.50	13.93	18.18	9.96	24.01	19.34	0.63	-3.77	2	10.94	17.84
山东	2010	17.37	15.86	17.12	18.23	10.62	24.62	20.06	2.08	-4.28	3	11.96	18.02
河南	2010	10.76	10.56	9.09	14.86	10.10	24.25	16.57	1.49	-3.88	3	11.06	18.24

续表

省份	年份	入境游客（人次）	外国游客入境（人次）	港澳台游客入境（人次）	民航旅客吞吐量（人次）	人均GDP以2008年为基期平减后（元）	平减后的实际利用外商直接投资（元）	国内旅游人次（人）	产业结构指数	地方政府公共服务支出占GDP的比重（%）	AAAAA级景区数量（个）	旅游业总从业人员数量（人）代表旅游接待能力	铁路客运量（人）
湖北	2010	14.24	14.19	11.27	16.34	10.24	23.77	19.49	1.17	-3.93	2	11.24	17.91
湖南	2010	14.65	13.68	14.17	16.72	10.12	24.02	19.70	1.18	-3.78	2	11.47	18.10
广东	2010	11.49	11.04	10.47	15.69	10.71	25.43	18.43	2.30	-4.21	2	12.53	18.58
广西	2010	14.08	13.94	12.07	16.03	9.91	22.28	18.60	0.63	-3.57	2	11.06	17.26
海南	2010	14.83	14.57	13.37	16.79	10.08	22.79	17.42	-0.89	-3.50	2	10.55	13.64
重庆	2010	14.79	14.44	13.60	17.25	10.23	23.45	19.61	0.48	-3.85	2	10.86	17.10
四川	2010	14.79	14.53	13.29	17.13	9.96	24.16	19.80	1.23	-3.74	3	11.34	18.22
贵州	2010	14.12	13.65	13.14	16.74	9.48	21.19	20.06	-0.03	-3.07	2	10.28	17.35
云南	2010	12.59	11.87	11.92	15.10	9.66	22.69	16.81	0.38	-3.38	2	11.19	17.01
西藏	2010	14.39	14.34	11.48	16.71	9.74	18.67	18.38	-2.21	-1.95	0	9.38	13.81
陕西	2010	15.01	14.68	13.72	17.56	10.21	22.97	20.38	0.72	-3.56	3	10.92	17.81
甘肃	2010	15.61	15.32	14.22	17.89	9.69	20.43	19.87	-0.19	-3.34	2	10.66	16.94
青海	2010	13.42	12.98	12.37	16.58	10.09	20.88	20.14	-1.30	-3.20	0	8.96	15.37
宁夏	2010	14.37	13.25	13.98	16.47	10.20	19.88	20.16	-1.04	-3.49	2	9.47	15.50
新疆	2010	12.69	11.81	12.15	17.02	10.13	21.02	20.43	0.04	-3.33	3	10.74	16.54

续表

省份	年份	入境游客（人次）	外国游客入境（人次）	港澳台游客入境（人次）	民航旅客吞吐量（人次）	人均GDP 以2008年为基期平减后的（元）	平减后的实际利用外商直接投资（元）	国内旅游人次（人）	产业结构指数	地方政府公共服务支出占GDP的比重（%）	AAAAA级景区数（个）	旅游业业人员总数量（人）代表旅游接待能力	铁路客运量（人）
北京	2011	13.75	13.27	12.79	15.42	11.31	24.27	18.36	1.39	-4.13	6	11.89	18.40
天津	2011	13.59	12.64	13.11	15.14	11.35	24.69	18.20	0.91	-4.56	2	10.12	17.16
河北	2011	12.89	12.11	12.27	15.30	10.43	23.81	18.22	1.59	-4.08	5	11.29	18.15
山西	2011	13.64	13.52	11.46	14.20	10.35	23.01	18.62	0.84	-3.80	3	10.96	17.95
内蒙古	2011	14.95	13.79	14.58	16.76	10.97	23.50	18.41	1.07	-3.85	2	10.50	17.55
辽宁	2011	13.65	13.33	12.37	17.07	10.83	25.41	19.20	1.52	-3.98	3	11.08	18.61
吉林	2011	14.32	14.24	11.78	15.80	10.56	22.60	18.39	0.75	-3.82	3	10.28	17.93
黑龙江	2011	14.50	13.98	13.61	15.28	10.40	23.42	18.85	0.94	-3.89	3	10.32	18.49
上海	2011	14.13	13.85	12.71	16.59	11.32	24.87	18.89	1.49	-4.40	3	11.42	17.94
江苏	2011	15.46	15.31	13.50	18.21	11.04	25.72	19.16	2.35	-4.18	10	11.85	18.48
浙江	2011	15.86	15.45	14.77	17.22	10.99	24.76	19.65	1.94	-4.23	9	11.79	18.30
安徽	2011	13.61	13.24	12.44	16.84	10.15	24.10	17.19	1.11	-3.79	4	10.93	17.91
福建	2011	13.24	13.10	11.24	16.47	10.77	24.05	17.46	1.29	-4.26	4	11.29	17.66
江西	2011	15.88	15.57	14.59	16.86	10.17	24.02	19.96	0.85	-3.81	3	10.64	17.93
山东	2011	15.07	14.47	14.27	16.47	10.77	24.67	19.15	2.24	-4.30	6	11.87	18.11
河南	2011	9.85	9.57	8.46	15.18	10.26	24.57	16.41	1.66	-3.87	8	11.16	18.29

续表

省份	年份	入境游客（人次）	外国游客入境（人次）	港澳台游客入境（人次）	民航旅客吞吐量（人次）	人均GDP平减后的（以2008年为基期平减后）（元）	实际利用外商直接投资（元）	国内旅游人次（人）	产业结构指数	地方政府公共服务支出占GDP的比重（%）	AAAAA级景区数（个）	旅游业从业人员总数量（人）代表旅游接待能力	铁路客运量（人）
湖北	2011	15.63	15.45	13.85	18.23	10.44	23.73	19.38	1.37	-3.91	6	11.05	18.08
湖南	2011	17.34	15.84	17.09	18.33	10.30	24.02	20.21	1.38	-3.74	5	11.30	18.21
广东	2011	10.75	10.63	8.56	15.05	10.84	25.26	16.69	2.44	-4.19	7	12.33	18.79
广西	2011	14.16	14.10	11.45	16.50	10.14	22.22	18.47	0.83	-3.59	2	10.82	17.34
海南	2011	14.60	13.82	13.99	16.83	10.27	22.64	19.83	-0.70	-3.43	3	10.33	16.19
重庆	2011	10.80	10.27	9.90	15.84	10.45	23.90	18.66	0.72	-3.80	4	10.82	17.19
四川	2011	14.21	14.07	12.15	16.18	10.17	24.42	18.76	1.42	-3.77	5	11.17	18.69
贵州	2011	14.95	14.69	13.49	16.88	9.71	21.56	17.55	0.19	-2.92	2	10.23	17.49
云南	2011	14.89	14.48	13.80	17.36	9.87	22.78	19.76	0.59	-3.45	5	11.05	17.12
西藏	2011	14.82	14.57	13.33	17.25	9.91	19.50	19.92	-2.03	-1.84	0	9.45	13.91
陕西	2011	14.22	13.77	13.20	16.92	10.42	23.05	20.18	0.93	-3.60	5	10.95	17.84
甘肃	2011	12.68	12.26	11.61	15.22	9.88	19.61	16.94	0.02	-3.36	3	10.35	17.01
青海	2011	14.43	14.38	11.42	16.94	10.29	20.45	18.56	-1.09	-3.24	1	9.08	15.46
宁夏	2011	15.30	14.97	14.03	17.73	10.41	20.64	20.47	-0.82	-3.70	3	9.41	15.51
新疆	2011	15.71	15.44	14.29	17.96	10.31	21.20	20.16	0.25	-3.29	5	10.61	16.79

续表

省份	年份	入境游客（人次）	外国游客入境（人次）	港澳台游客入境（人次）	民航旅客吞吐量（人次）	人均GDP以2008年为基期平减后（元）	平减后的实际利用外商直接投资（元）	国内旅游人次（人）	产业结构指数	地方政府公共服务支出占GDP的比重（%）	AAAAA级景区数（个）	旅游业从业人员总数量（人）代表旅游接待能力	铁路客运量（人）
北京	2012	14.25	14.24	9.74	15.19	11.38	24.30	17.28	1.49	-4.13	7	11.96	18.46
天津	2012	14.75	14.54	13.07	16.57	11.44	24.68	19.30	1.05	-4.55	2	10.08	17.21
河北	2012	14.73	14.34	13.61	16.85	10.51	23.91	18.45	1.68	-4.01	5	11.25	18.18
山西	2012	13.88	13.41	12.90	15.54	10.42	23.08	18.48	0.93	-3.79	3	11.02	17.94
内蒙古	2012	13.78	12.87	13.27	15.33	11.06	23.40	18.35	1.17	-3.84	2	10.55	17.58
辽宁	2012	12.90	12.00	12.37	15.57	10.94	25.39	18.46	1.63	-3.93	3	11.05	18.61
吉林	2012	13.79	13.66	11.73	14.94	10.68	22.56	18.82	0.87	-3.87	3	10.20	17.95
黑龙江	2012	15.12	13.96	14.74	16.92	10.48	23.49	18.60	1.02	-3.92	3	10.26	18.47
上海	2012	13.86	13.53	12.61	17.20	11.35	24.96	19.42	1.55	-4.39	3	11.49	18.03
江苏	2012	13.50	13.36	11.46	15.84	11.13	25.70	18.50	2.45	-4.19	14	11.84	18.58
浙江	2012	14.78	14.23	13.92	15.45	11.06	24.77	19.23	2.01	-4.23	10	11.96	18.33
安徽	2012	14.44	14.10	13.20	16.78	10.27	24.22	19.21	1.23	-3.70	6	10.98	17.97
福建	2012	15.43	15.28	13.41	18.26	10.87	23.94	19.24	1.41	-4.21	6	11.62	17.78
江西	2012	15.97	15.56	14.90	17.28	10.27	24.01	19.78	0.95	-3.74	4	10.63	17.96
山东	2012	13.61	13.16	12.60	16.91	10.85	24.65	17.29	2.34	-4.26	7	11.84	18.24
河南	2012	13.35	13.10	11.81	16.66	10.36	24.63	17.67	1.76	-3.80	8	11.14	18.34

续表

省份	年份	入境游客（人次）	外国游客入境（人次）	港澳台游客入境（人次）	民航旅客吞吐量（人次）	人均GDP平减后的以2008年平为基期减后（元）	平减后的实际利用外商直接投资（元）	国内旅游人次（人）	产业结构指数	地方政府公共服务支出占GDP的比重（%）	AAAAA级景区数数量（个）	旅游业总就业人员数量（人）代表旅游接待能力	铁路客运量（人）
湖北	2012	14.87	14.48	13.76	16.99	10.56	23.80	20.06	1.50	-3.86	7	11.07	18.23
湖南	2012	14.85	14.23	14.08	16.52	10.42	24.06	19.31	1.50	-3.70	5	11.33	18.27
广东	2012	10.14	9.62	9.25	15.28	10.90	25.25	16.55	2.52	-4.16	7	12.30	18.83
广西	2012	15.67	15.47	13.97	18.31	10.24	21.79	19.41	0.94	-3.52	3	10.86	17.32
海南	2012	17.33	15.86	17.07	18.41	10.39	22.60	20.30	-0.56	-3.37	3	10.45	16.27
重庆	2012	10.85	10.61	9.30	15.23	10.57	23.25	16.81	0.86	-3.82	5	10.79	17.23
四川	2012	13.63	13.58	10.78	16.64	10.30	24.31	18.68	1.56	-3.76	5	11.20	18.20
贵州	2012	14.63	14.63	13.89	16.85	9.89	21.36	19.97	0.37	-2.77	2	10.24	17.48
云南	2012	10.91	10.36	10.04	16.04	10.01	23.01	18.87	0.74	-3.42	6	11.27	17.13
西藏	2012	14.30	14.17	12.20	16.27	10.04	20.35	18.92	-1.88	-1.54	0	9.69	13.91
陕西	2012	15.03	14.75	13.63	17.00	10.56	23.13	17.68	1.07	-3.57	5	10.97	17.87
甘肃	2012	15.03	14.64	13.91	17.48	10.00	19.32	19.92	0.14	-3.20	3	10.47	16.99
青海	2012	14.84	14.59	13.33	17.39	10.41	20.50	20.04	-0.97	-3.13	2	9.04	15.51
宁夏	2012	14.26	13.81	13.24	17.07	10.50	20.58	20.31	-0.71	-3.64	3	9.52	15.49
新疆	2012	12.75	12.50	11.22	15.33	10.43	21.26	17.05	0.39	-3.21	5	10.67	16.87

续表

省份	年份	入境游客（人次）	外国游客入境（人次）	港澳台游客入境（人次）	民航旅客吞吐量（人次）	人均GDP以2008年为基期平减后（元）	平减后的实际利用外商直接投资（元）	国内旅游人次（人）	产业结构指数	地方政府公共服务支出占GDP的比重（%）	AAAAA级景区数（个）	旅游业从业人员总数量（人）代表旅游接待能力	铁路客运量（人）
北京	2013	14.70	14.54	12.75	16.53	11.46	24.28	19.11	1.60	-4.20	7	11.94	18.58
天津	2013	13.86	13.43	12.81	15.63	11.51	24.67	19.11	1.17	-4.60	2	10.02	17.33
河北	2013	11.13	11.05	8.53	13.62	10.57	23.94	14.59	1.75	-3.99	5	11.24	18.29
山西	2013	14.07	14.05	10.06	15.56	10.46	23.11	17.47	0.99	-3.80	4	10.93	17.96
内蒙古	2013	14.95	14.70	13.44	16.75	11.12	23.47	19.48	1.24	-3.91	2	10.57	17.65
辽宁	2013	14.86	14.47	13.74	17.03	11.03	25.39	18.60	1.74	-3.99	4	11.04	18.69
吉林	2013	14.08	13.62	13.09	15.68	10.77	22.58	18.64	0.97	-3.89	3	10.13	18.01
黑龙江	2013	13.95	12.90	13.52	15.54	10.54	23.57	18.49	1.08	-3.95	3	10.18	18.43
上海	2013	13.12	12.13	12.66	15.67	11.42	24.98	18.67	1.64	-4.43	3	11.40	18.19
江苏	2013	13.95	13.80	11.97	15.32	11.23	25.54	19.04	2.56	-4.24	17	11.85	18.72
浙江	2013	15.27	14.15	14.87	17.06	11.14	24.77	18.77	2.11	-4.25	11	11.99	18.52
安徽	2013	14.31	13.94	13.13	17.32	10.37	24.33	19.67	1.35	-3.71	7	10.93	18.09
福建	2013	13.51	13.36	11.52	15.91	10.97	23.89	18.61	1.51	-4.20	7	11.45	17.99
江西	2013	15.01	14.46	14.16	15.61	10.37	24.01	19.49	1.07	-3.76	6	10.59	18.06
山东	2013	14.62	14.24	13.48	16.93	10.95	24.69	19.48	2.45	-4.30	9	11.82	18.34
河南	2013	15.32	15.17	13.35	18.29	10.44	24.65	19.33	1.87	-3.78	9	11.02	18.47

续表

省份	年份	入境游客（人次）	外国游客入境（人次）	港澳台游客入境（人次）	民航旅客吞吐量（人次）	人均GDP以2008年为基期平减后（元）	平减后的实际利用外商直接投资（元）	国内旅游人次（人）	产业结构指数	地方政府公共服务支出占GDP的比重（%）	AAAAA级景区数（个）	旅游业从业人员总数量（人）代表旅游接待能力	铁路客运量（人）
湖北	2013	15.03	14.74	13.66	17.42	10.66	23.89	19.89	1.63	-3.81	8	11.06	18.46
湖南	2013	13.54	13.12	12.45	17.03	10.52	24.14	17.40	1.62	-3.67	6	11.25	18.34
广东	2013	13.44	13.31	11.38	16.81	10.98	25.31	17.74	2.62	-4.14	9	12.28	18.99
广西	2013	14.90	14.49	13.82	17.11	10.33	21.62	20.16	1.06	-3.55	3	10.82	17.30
海南	2013	14.90	14.20	14.21	16.67	10.48	22.60	19.47	-0.43	-3.32	4	10.49	16.45
重庆	2013	10.43	9.62	9.83	15.38	10.67	23.29	16.63	1.01	-3.83	6	10.79	17.30
四川	2013	15.69	15.50	13.94	18.41	10.39	24.26	19.43	1.67	-3.77	9	11.25	18.23
贵州	2013	17.36	15.87	17.10	18.47	10.05	21.40	20.56	0.54	-2.81	3	10.30	17.58
云南	2013	11.09	10.72	9.91	15.28	10.14	22.96	16.95	0.88	-3.40	6	11.46	17.28
西藏	2013	13.77	13.72	10.79	16.76	10.18	19.69	18.78	-1.72	-1.51	2	9.41	14.07
陕西	2013	14.69	14.06	13.94	16.99	10.67	23.24	20.15	1.20	-3.67	5	10.90	17.93
甘肃	2013	11.18	10.59	10.37	16.35	10.11	19.37	19.07	0.27	-3.12	3	10.39	17.04
青海	2013	14.21	14.07	12.21	16.44	10.52	19.61	19.07	-0.84	-3.08	2	9.09	15.59
宁夏	2013	15.12	14.84	13.71	17.15	10.59	20.10	17.80	-0.61	-3.69	3	9.49	15.60
新疆	2013	15.16	14.78	14.01	17.61	10.53	21.32	20.07	0.53	-3.22	7	10.51	16.94

续表

省份	年份	入境游客（人次）	外国游客入境（人次）	港澳台游客入境（人次）	民航旅客吞吐量（人次）	人均GDP以2008年为基期平减后（元）	平减后的实际利用外商直接投资（元）	国内旅游人次（人）	产业结构指数	地方政府公共服务支出占GDP的比重（%）	AAAAA级景区数（个）	旅游业从业人员总数量（人）代表旅游接待能力	铁路客运量（人）
北京	2014	13.33	13.17	11.44	15.16	11.51	24.25	17.62	1.67	-4.36	7	11.96	18.66
天津	2014	13.99	13.74	12.47	16.13	11.56	24.67	15.78	1.26	-4.60	2	10.14	17.42
河北	2014	14.04	13.75	12.68	16.32	10.60	23.84	18.32	1.79	-4.12	4	11.45	18.38
山西	2014	14.89	14.73	12.96	16.66	10.47	23.09	19.30	1.01	-3.98	5	10.83	18.06
内蒙古	2014	14.05	13.63	12.97	15.86	11.17	23.22	19.27	1.30	-4.09	2	10.68	17.68
辽宁	2014	12.07	12.00	9.43	14.09	11.09	25.25	15.51	1.80	-4.18	3	11.44	18.67
吉林	2014	14.17	14.15	10.23	15.83	10.82	22.57	17.62	1.03	-4.00	3	10.23	18.05
黑龙江	2014	15.12	14.84	13.70	16.92	10.58	23.60	19.67	1.13	-4.07	4	10.51	18.43
上海	2014	15.01	14.65	13.79	17.08	11.49	24.97	18.75	1.72	-4.55	3	11.40	18.34
江苏	2014	14.26	13.80	13.25	15.80	11.31	25.26	18.82	2.65	-4.33	18	11.95	18.85
浙江	2014	14.12	12.99	13.73	15.70	11.20	24.79	18.88	2.17	-4.33	11	12.02	18.73
安徽	2014	13.28	12.37	12.76	15.83	10.45	24.37	18.95	1.44	-3.93	8	11.16	18.19
福建	2014	14.07	13.88	12.33	15.49	11.06	23.83	19.25	1.61	-4.41	7	11.47	18.24
江西	2014	15.41	14.33	15.00	17.15	10.45	24.01	18.93	1.16	-3.77	6	11.07	18.18
山东	2014	14.64	14.23	13.54	17.39	11.02	24.66	19.90	2.53	-4.41	9	12.16	18.45
河南	2014	13.54	13.40	11.49	16.12	10.52	24.64	18.73	1.96	-3.91	10	11.06	18.57

续表

省份	年份	入境游客（人次）	外国游客入境（人次）	港澳台游客入境（人次）	民航旅客吞吐量（人次）	人均GDP以2008年为基期平减后（元）	平减后的实际利用外商直接投资（元）	国内旅游人次（人）	产业结构指数	地方政府公共服务支出占GDP的比重（%）	AAAAA级景区个数（个）	旅游业从业人员总数量（人）代表旅游接待能力	铁路客运量（人）
湖北	2014	14.82	14.33	13.86	15.72	10.76	23.92	19.63	1.73	-3.82	9	11.34	18.63
湖南	2014	13.96	13.55	12.85	17.06	10.60	24.19	19.54	1.72	-3.76	6	11.88	18.40
广东	2014	15.27	15.11	13.34	18.33	11.06	25.29	19.37	2.70	-4.26	10	12.42	19.16
广西	2014	15.13	14.81	13.83	17.54	10.41	21.88	19.99	1.14	-3.65	4	11.24	17.68
海南	2014	13.40	12.95	12.39	17.18	10.57	22.54	17.67	-0.33	-3.45	4	10.55	16.55
重庆	2014	13.20	13.07	11.06	16.90	10.78	23.19	17.69	1.12	-3.90	6	10.91	17.52
四川	2014	14.93	14.51	13.86	17.25	10.47	24.16	20.24	1.76	-3.90	9	11.50	18.30
贵州	2014	15.32	14.69	14.56	16.75	10.18	21.06	19.63	0.65	-3.09	3	10.51	17.60
云南	2014	13.18	13.04	11.18	15.53	10.21	22.96	16.73	0.97	-3.47	6	11.57	17.36
西藏	2014	15.75	15.56	13.98	18.48	10.28	20.02	19.51	-1.60	-1.72	2	10.34	14.30
陕西	2014	17.37	16.02	17.07	18.56	10.76	23.26	20.66	1.29	-3.88	6	11.23	18.07
甘肃	2014	11.16	10.83	9.89	15.45	10.18	19.61	17.17	0.35	-3.12	3	10.56	17.10
青海	2014	13.85	13.80	10.90	16.89	10.59	18.87	18.91	-0.75	-3.13	2	9.36	15.63
宁夏	2014	14.99	14.26	14.33	17.04	10.64	19.52	20.32	-0.54	-3.80	3	9.42	15.70
新疆	2014	11.27	10.65	10.51	16.50	10.61	21.06	19.29	0.63	-3.35	8	10.66	16.96

续表

省份	年份	入境游客（人次）	外国游客入境（人次）	港澳台游客入境（人次）	民航旅客吞吐量（人次）	人均GDP以2008年为基期平减后（元）	平减后的实际利用外商直接投资（元）	国内旅游人次（人）	产业结构指数	地方政府公共服务支出占GDP的比重（%）	AAAAA级景区数（个）	旅游业从业人员总数量（人）代表旅游接待能力	铁路客运量（人）
北京	2015	14.51	14.47	11.19	15.50	11.58	24.56	18.24	1.75	-4.34	7	11.98	18.68
天津	2015	13.92	13.47	12.90	16.09	11.59	24.71	18.66	1.32	-4.53	2	10.24	17.52
河北	2015	11.33	11.00	10.06	14.71	10.60	23.76	17.03	1.81	-4.08	6	11.62	18.39
山西	2015	13.43	13.28	11.49	15.37	10.46	23.04	17.81	1.04	-3.95	6	10.73	18.12
内蒙古	2015	14.10	13.83	12.67	16.35	11.17	22.99	16.09	1.31	-4.09	2	10.78	17.75
辽宁	2015	14.19	13.95	12.63	16.59	11.09	23.57	18.55	1.81	-4.39	4	11.73	18.68
吉林	2015	15.10	14.94	13.21	16.79	10.84	22.60	19.46	1.06	-4.04	5	10.32	18.09
黑龙江	2015	14.20	13.78	13.14	16.03	10.58	23.62	19.37	1.15	-4.13	5	10.75	18.41
上海	2015	12.34	12.27	9.56	14.25	11.55	24.93	15.95	1.80	-4.57	3	11.40	18.39
江苏	2015	14.23	14.21	10.57	16.02	11.39	25.05	17.76	2.73	-4.42	20	12.05	18.90
浙江	2015	15.26	14.95	13.93	17.00	11.26	24.79	19.85	2.25	-4.30	14	12.04	18.84
安徽	2015	15.19	14.85	13.95	17.17	10.49	24.40	18.91	1.51	-4.01	9	11.35	18.26
福建	2015	14.45	14.00	13.44	15.96	11.13	23.84	19.09	1.70	-4.43	9	11.50	18.34
江西	2015	14.26	13.13	13.87	15.83	10.51	24.05	19.13	1.23	-3.71	8	11.39	18.25
山东	2015	13.47	12.63	12.90	16.01	11.07	24.66	19.18	2.60	-4.45	9	12.40	18.55
河南	2015	13.64	13.46	11.87	15.57	10.57	24.65	19.41	2.03	-3.97	11	11.09	18.62

省份	年份	入境游客（人次）	外国游客入境（人次）	港澳台游客入境（人次）	民航旅客吞吐量（人次）	人均GDP以2008年为基期平减后（元）	平减后的实际利用外商直接投资（元）	国内旅游人次（人）	产业结构指数	地方政府公共服务支出占GDP的比重（%）	AAAAA级景区数（个）	旅游业从业人员数量（人）代表旅游接待能力	铁路客运量（人）
湖北	2015	14.89	13.95	14.40	17.29	10.83	23.97	19.09	1.82	-3.87	10	11.56	18.72
湖南	2015	14.56	14.20	13.34	17.45	10.66	24.24	20.01	1.80	-3.82	7	12.27	18.47
广东	2015	13.55	13.42	11.42	16.31	11.12	25.23	18.84	2.78	-4.27	11	12.54	19.26
广西	2015	14.85	14.29	13.99	15.79	10.47	22.35	19.75	1.22	-3.75	4	11.53	18.07
海南	2015	14.05	13.60	13.03	17.21	10.62	22.54	19.66	-0.27	-3.49	5	10.60	16.62
重庆	2015	15.25	15.09	13.34	18.37	10.87	22.98	19.41	1.22	-4.06	7	11.02	17.50
四川	2015	15.34	15.02	14.04	17.63	10.51	24.07	20.08	1.83	-3.88	10	11.70	18.34
贵州	2015	13.32	12.78	12.44	17.29	10.30	20.87	17.78	0.77	-3.20	4	10.68	17.71
云南	2015	10.53	9.82	9.85	17.05	10.27	21.65	17.90	1.04	-3.56	6	11.67	17.49
西藏	2015	15.01	14.59	13.93	17.43	10.37	19.11	20.33	-1.49	-1.61	2	10.81	14.61
陕西	2015	15.39	14.74	14.65	16.84	10.77	23.29	19.82	1.32	-3.92	7	11.48	18.18
甘肃	2015	10.84	10.06	10.23	15.70	10.17	19.63	16.86	0.36	-3.22	4	10.69	17.26
青海	2015	15.79	15.59	14.08	18.53	10.63	18.90	19.58	-0.68	-3.03	2	9.58	16.05
宁夏	2015	17.41	15.97	17.14	18.68	10.69	20.16	20.78	-0.48	-3.77	4	9.35	15.70
新疆	2015	11.16	10.95	9.49	15.65	10.60	21.07	17.36	0.65	-3.24	9	10.80	17.12

续表

省份	年份	入境游客（人次）	外国游客入境（人次）	港澳台游客入境（人次）	民航旅客吞吐量（人次）	人均GDP以2008年为基期平减后（元）	平减后的实际利用外商直接投资（元）	国内旅游人次（人）	产业结构指数	地方政府公共服务支出占GDP的比重（%）	AAAAA级景区数（个）	旅游业从业人员总数量（人）代表旅游接待能力	铁路客运量（人）
北京	2016	15.48	15.30	13.65	17.75	11.68	24.56	18.52	1.87	-4.25	7	11.85	18.72
天津	2016	17.06	15.62	16.79	17.87	11.65	23.95	19.55	1.41	-4.53	2	10.28	17.63
河北	2016	10.30	9.93	9.14	13.79	10.67	23.93	16.01	1.90	-4.06	6	11.63	18.49
山西	2016	14.17	14.12	11.22	15.82	10.48	22.85	18.50	1.07	-3.89	6	10.81	18.14
内蒙古	2016	14.08	13.37	13.41	16.37	11.19	23.15	18.89	1.34	-4.02	3	10.59	17.80
辽宁	2016	11.01	10.72	9.66	14.96	10.84	23.11	17.34	1.58	-4.09	4	11.50	18.76
吉林	2016	13.62	13.49	11.50	15.57	10.89	22.67	17.98	1.13	-4.04	5	10.29	18.14
黑龙江	2016	14.41	14.14	12.98	16.37	10.61	23.69	16.46	1.19	-4.06	5	10.81	18.47
上海	2016	14.57	14.26	13.25	16.76	11.67	24.93	18.78	1.92	-4.54	3	11.48	18.48
江苏	2016	15.22	15.04	13.40	16.93	11.48	25.05	19.60	2.84	-4.43	22	12.11	19.00
浙江	2016	14.34	13.86	13.37	16.19	11.35	24.82	19.54	2.35	-4.27	14	11.93	19.01
安徽	2016	12.51	12.43	9.99	14.42	10.59	24.46	15.95	1.62	-4.10	11	11.31	18.46
福建	2016	14.28	14.23	11.25	16.30	11.22	23.88	17.89	1.81	-4.44	9	11.49	18.47
江西	2016	15.36	15.05	14.06	17.05	10.61	24.12	20.00	1.35	-3.79	8	11.49	18.34
山东	2016	15.34	15.01	14.06	17.28	11.14	24.69	19.10	2.68	-4.46	9	12.42	18.65
河南	2016	13.20	12.87	11.92	16.09	10.66	24.69	19.32	2.13	-3.99	12	11.56	18.74

续表

省份	年份	入境游客（人次）	外国游客入境（人次）	港澳台游客入境（人次）	民航旅客吞吐量（人次）	人均GDP以2008年为基期平减后（元）	平减后的实际利用外商直接投资（元）	国内旅游人次（人）	产业结构指数	地方政府公共服务支出占GDP的比重（%）	AAAAA级景区数（个）	旅游业从业人员总数量（人）代表旅游接待能力	铁路客运量（人）
湖北	2016	14.03	12.91	13.64	15.95	10.93	24.08	19.33	1.92	-3.93	10	11.45	18.77
湖南	2016	13.34	12.51	12.77	16.24	10.74	24.33	19.40	1.90	-3.84	8	12.30	18.56
广东	2016	13.54	13.31	11.94	15.68	11.21	25.08	19.56	2.89	-4.26	12	12.38	19.36
广西	2016	14.98	14.06	14.47	17.34	10.55	21.69	19.25	1.31	-3.70	4	11.16	18.24
海南	2016	14.69	14.34	13.47	17.58	10.70	22.59	20.10	-0.17	-3.44	6	10.68	16.95
重庆	2016	13.57	13.44	11.46	16.48	10.98	22.64	18.95	1.35	-4.13	7	10.96	17.71
四川	2016	14.88	14.35	14.00	15.91	10.60	23.83	19.91	1.94	-3.88	11	11.64	18.56
贵州	2016	14.21	13.81	13.10	17.31	10.41	21.67	19.79	0.89	-3.27	4	10.76	17.76
云南	2016	15.24	15.08	13.33	18.42	10.34	21.63	19.45	1.13	-3.43	8	11.59	17.52
西藏	2016	15.47	15.17	14.14	17.74	10.47	19.67	20.17	-1.38	-1.62	2	9.14	14.79
陕西	2016	13.53	13.06	12.54	17.40	10.84	23.37	17.90	1.41	-3.97	8	11.42	18.23
甘肃	2016	13.27	13.15	11.10	17.14	10.23	19.67	18.19	0.43	-3.21	4	10.74	17.40
青海	2016	15.12	14.70	14.07	17.61	10.68	17.59	20.43	-0.61	-3.05	2	9.68	16.11
宁夏	2016	15.45	14.75	14.76	17.03	10.76	20.46	20.07	-0.39	-3.73	4	9.46	15.70
新疆	2016	11.09	10.41	10.38	15.93	10.61	20.94	17.25	0.68	-3.21	11	10.96	17.27

续表

省份	年份	入境游客（人次）	外国游客入境（人次）	港澳台游客入境（人次）	民航旅客吞吐量（人次）	人均GDP以2008年为基期平减后的（元）	平减后的实际利用外商直接投资（元）	国内旅游人次（人）	产业结构指数	地方政府公共服务支出占GDP的比重（%）	AAAAA级景区数（个）	旅游业从业人员总数量（人）代表旅游接待能力	铁路客运量（人）
北京	2017	15.51	15.19	14.21	16.30	11.77	25.14	19.38	1.95	-4.04	7	11.93	18.75
天津	2017	14.51	14.00	13.60	15.92	11.69	23.98	18.39	1.46	-4.49	2	10.22	17.69
河北	2017	9.36	9.14	7.73	14.31	10.72	24.03	15.86	1.97	-3.98	8	11.57	18.56
山西	2017	15.49	15.29	13.76	17.86	10.65	22.48	18.63	1.24	-3.90	7	10.79	18.15
内蒙古	2017	17.13	15.64	16.87	17.98	11.06	22.90	19.68	1.24	-3.83	3	10.69	17.81
辽宁	2017	10.49	10.11	9.34	14.15	10.89	23.66	16.22	1.64	-4.10	5	11.56	18.78
吉林	2017	14.36	14.32	11.24	15.96	10.91	22.83	18.87	1.17	-3.93	6	10.28	18.15
黑龙江	2017	14.46	13.85	13.67	16.47	10.64	23.78	19.12	1.22	-4.04	5	10.70	18.46
上海	2017	11.16	10.82	9.92	15.19	11.75	24.80	17.57	2.00	-4.56	3	11.43	18.57
江苏	2017	13.81	13.66	11.84	15.63	11.58	25.19	18.14	2.94	-4.43	23	12.04	19.10
浙江	2017	14.57	14.29	13.19	16.43	11.43	24.78	16.78	2.45	-4.21	16	12.00	19.12
安徽	2017	14.81	14.46	13.60	16.92	10.68	24.47	19.02	1.74	-4.09	11	11.28	18.56
福建	2017	15.37	15.17	13.65	17.02	11.32	23.87	19.71	1.93	-4.44	9	11.49	18.57
江西	2017	14.46	13.99	13.49	16.36	10.68	24.19	19.71	1.44	-3.74	10	11.33	18.44
山东	2017	12.18	12.07	9.92	14.61	11.20	24.69	16.16	2.76	-4.44	11	12.33	18.77
河南	2017	14.30	14.26	11.05	16.45	10.75	24.65	18.01	2.24	-3.96	14	11.26	18.84

续表

省份	年份	入境游客（人次）	外国游客入境（人次）	港澳台游客入境（人次）	民航旅客吞吐量（人次）	人均GDP 以2008年为基期平减后（元）	平减后的实际利用外商直接投资（元）	国内旅游人次（人）	产业结构指数	地方政府公共服务支出占GDP的比重（%）	AAAAA 级景区数（个）	旅游业从业人员总数量（人）代表旅游接待能力	铁路客运量（人）
湖北	2017	14.87	14.54	13.59	17.18	11.01	24.10	20.11	2.02	-3.94	10	11.45	18.87
湖南	2017	14.87	14.57	13.53	17.50	10.81	24.40	19.29	1.99	-3.82	8	12.17	18.67
广东	2017	13.25	12.80	12.23	16.12	11.30	25.00	19.52	3.00	-4.19	12	12.45	19.48
广西	2017	14.21	13.01	13.84	16.05	10.55	21.56	19.56	1.34	-3.71	5	11.32	18.40
海南	2017	13.39	12.56	12.82	16.47	10.79	22.62	19.59	-0.06	-3.60	6	10.61	17.10
重庆	2017	13.55	13.30	12.03	15.72	11.06	22.34	19.73	1.44	-4.16	8	10.97	17.97
四川	2017	15.02	14.11	14.50	17.42	10.71	23.78	19.38	2.07	-3.84	12	11.62	18.65
贵州	2017	14.82	14.48	13.59	17.70	10.54	21.43	20.19	1.03	-3.37	5	10.66	17.88
云南	2017	13.62	13.49	11.57	16.64	10.44	21.66	19.05	1.24	-3.29	8	11.61	17.68
西藏	2017	14.96	14.43	14.07	16.03	10.58	19.62	20.07	-1.25	-1.68	2	10.30	14.98
陕西	2017	14.41	13.99	13.34	17.42	10.96	23.47	19.92	1.53	-3.96	8	11.38	18.31
甘肃	2017	15.18	15.02	13.31	18.44	10.26	19.63	19.50	0.49	-3.19	4	10.67	17.61
青海	2017	15.59	15.27	14.28	17.87	10.69	17.72	20.26	-0.58	-3.05	3	9.55	16.24
宁夏	2017	13.93	13.58	12.71	17.56	10.83	20.40	18.01	-0.30	-3.69	4	9.41	15.69
新疆	2017	13.56	13.42	11.54	17.22	10.71	20.17	18.47	0.82	-3.22	12	10.82	17.38

专题1 旅游总收入突破万亿元后江西推动旅游业提质增效的思考与建议

旅游总收入既是衡量旅游业发展水平的综合指标，也是衡量旅游业在国民经济中地位和作用的重要指标，特别是旅游总收入突破万亿元，标志着旅游业发展迈上了一个重要台阶。截至2018年底，全国共有5个省份旅游总收入突破万亿元，分别为广东、江苏、浙江、山东、四川。从其他省份旅游业发展态势看，2019年贵州、云南、湖南等省份均有可能跨入"万亿旅游产业俱乐部"。就江西而言，得益于旅游强省战略的大力实施，2018年旅游总收入达8145.1亿元，同比增长26.6%。按照省文化和旅游厅提出的18%预期增长目标，2019年江西旅游总收入将达到9611亿元。如果2019年江西旅游业能够抓住"大干项目年"的重大机遇，掀起大干项目、干大项目的热潮，那么旅游总收入增幅完全有可能达到22.8%以上，也将首次跻身"万亿旅游产业俱乐部"，这是江西旅游业发展的重大突破。正确认识和提前把握江西旅游总收入突破万亿元后的阶段性特征，对于在新的起点和更高层次上谋划推动旅游业提质增效具有重要意义。

一、旅游总收入突破万亿元后旅游业发展的阶段性特征

从全国5个"万亿旅游产业俱乐部"省份发展实践看，旅游总收入突破万亿元，不仅是简单的量的突破，还意味着旅游业将迎来发展特征和动力的嬗变，旅游业将进入速度换挡、地位提升、业态拓展、动能转换的新阶段。

（一）速度换挡：旅游总收入逐步由高速增长迈向中高速增长

总体来看，广东、江苏、浙江、山东、四川在跨入"万亿旅游产业俱

乐部"前，旅游总收入均呈现高速增长态势。例如，广东旅游总收入从2010年突破5000亿元到2015年突破1万亿元，年均增长14.1%；江苏旅游总收入从2011年突破5000亿元到2016年突破1万亿元，年均增长13%；浙江旅游总收入从2013年突破5000亿元到2018年突破1万亿元，年均增长12.6%；山东旅游总收入从2013年突破5000亿元到2018年突破1万亿元，年均增长15.1%；四川旅游总收入从2014年的4891亿元到2018年突破1万亿元，年均增长19.9%。在跨入"万亿旅游产业俱乐部"后，旅游总收入增速基本呈现放缓的趋势，并逐步由高速增长转向中高速增长。其中，广东下降最为明显，旅游总收入从2015年突破1万亿元到2018年，年均增速下降至9.5%；浙江、四川、山东均有不同程度的下降，2018年旅游总收入增速分别下降至11.9%、13.3%和13.7%；江苏变化不大，旅游总收入从2016年突破1万亿元，到2018年年均增速不降反增，仍然达到13.6%。

（二）地位提升：旅游业在第三产业中的龙头地位和国民经济中的支柱地位日益凸显

跻身"万亿旅游产业俱乐部"后，广东、江苏、浙江、四川旅游业增加值占第三产业比重均在12%以上，占GDP的比重均在6%以上，超出国际公认的支柱产业标准（5%），旅游业在第三产业中的龙头地位和国民经济中的支柱地位日益凸显。例如，广东旅游业增加值占第三产业比重由2010年的11.5%提高到2017年的12.3%，占GDP比重由2010年的5.1%提高到2017年的6.5%，并提出2019年实现文化和旅游业增加值占GDP比重达10%以上；江苏旅游业增加值占第三产业比重从2011年到2017年一直保持在12%以上，占GDP比重由2011年的5.2%提高到2017年的6.1%；浙江旅游业增加值占第三产业比重由2013年的13.5%提高到2018年的14.3%，占GDP比重由2013年的6.2%提高到2018年的7.8%；四川旅游业增加值占第三产业比重由2014年的13.5%提高到2017年的15.8%，占GDP比重由2014年的7.8%提高到2017年的7.9%。

（三）业态拓展：由"吃、住、行、游、购、娱"传统六要素拓展至"商、养、学、闲、情、奇"新六要素

跻身"万亿旅游产业俱乐部"后，广东、江苏、浙江、山东、四川主动策应全域旅游、大众旅游时代，更加注重旅游业态的多样性和体验性，通过"旅游＋"推动旅游与农业、工业、医疗、教育、文化、体育等各领域深度融合。在完善"吃、住、行、游、购、娱"传统六要素的基础上，持续推出的新景点、新项目、新产品，"商、养、学、闲、情、奇"新六要素呈现蓬勃发展态势。"商"，即商务旅游、会议会展等；"养"，即养生、养老、养心、体育健身等健康旅游项目；"学"，即研学旅游、科考、拓展训练、摄影采风，以及各种夏令营、冬令营等；"闲"，即乡村休闲、都市休闲、度假等各类休闲旅游新产品；"情"，即婚庆、婚恋、纪念日旅游、宗教朝觐等各类精神和情感的旅游新业态；"奇"，包括探险、探秘、游乐等旅游新产品。

（四）动能转换：旅游资源开发由数量化、规模化向优质化、精品化转变

跻身"万亿旅游产业俱乐部"后，广东、江苏、浙江、山东、四川基本实现了旅游业由小到大的规模性转变。因此，根据旅游业自身的发展规律，调整发展模式、校正发展方向，从"有没有"转向"好不好"，从追求数量扩张转向注重质量效益便成为必然选择。例如，广东围绕打造"粤美乡村、风情岭南、毓秀山水、魅力都市、食在广东、康养胜地"六大旅游品牌，大力推动品质旅游发展，主要旅游指标稳居全国第一；浙江牢牢抓住优质旅游这条主线，通过"点、线、面"结合打造优质旅游经典景区、旅游风情小镇，诗画浙江迸发出新的活力；江苏突出"水"主题，做足"水韵文章"，优质旅游成为打响"水韵江苏"新品牌的主方向；山东以精品旅游为核心动力，通过建设精品旅游景区、培育精品酒店、打造精品餐饮、发展精品购物、丰富精品娱乐，带动旅游产业整体升级；四川以大九寨、大峨眉、大熊猫、大香格里拉、大蜀道等为载体，集中布局建设一批高端优质旅游项目，实现旅游产业大发展。

二、江西旅游业与"万亿旅游产业俱乐部"省份存在的主要差距

尽管江西旅游业发展势头强劲，且成功跻身全国"第一方阵"，但与率先跨入"万亿旅游产业俱乐部"的省份相比，整体发展仍存在较大差距。

（一）旅游资源缺乏内涵挖掘与深度开发，精品化程度和品牌影响力明显不足

江西旅游资源种类全、数量多，拥有国家旅游资源标准分类的八大类155 种中的153 种，国家 AAAAA 级旅游景区数量达11 家，居全国第七位。但是，旅游资源整体开发层次不高，缺乏内涵挖掘与深度开发，精品化程度和品牌影响力明显不足。即使是庐山、井冈山、三清山、龙虎山、明月山、婺源、武功山等成熟型景区，也过于注重自然景观的开发，仅明月山温汤旅游度假区入选国家级旅游度假区。从人民网舆情监测室、酷旅联合发布的"2018 年中国旅游目的地品牌声誉指数排行榜"看，江西位列全国第二十七位，而广东、山东、浙江、江苏分别位列前四位，四川位列第十位；从人民网舆情数据中心发布的"2018 年全国 AAAAA 级旅游景区品牌影响力排行榜 TOP50"看，浙江有 5 家 AAAAA 级景区入选，山东、四川各有 4 家，广东、江苏各有 2 家，而江西没有 1 家 AAAAA 级景区入选；从人民日报社新媒体中心、人民网等评选的"2018 中国品牌旅游景区TOP20"看，广东、江苏各有 2 家旅游景区入选，而江西没有 1 家景区入选；从中国旅游研究院评选的"2018 年十大最受欢迎的国家 AAAAA 级景区"看，广东、浙江、江苏、山东均有 1 家 AAAAA 级景区入选，而江西没有 1 家 AAAAA 级景区入选。

（二）"旅游＋"与"＋旅游"发展不充分，横向拓展和纵向延伸能力明显不足

近年来，江西着力延伸"旅游＋"产业链、培育"＋旅游"新业态，"吃、住、行、游、购、娱"产业体系日益完善，红色教育游、休闲度假游、乡村民宿游、健康养生游等快速成长。但是，江西"旅游＋"与"＋旅游"在广度和深度上发展不充分，横向拓展和纵向延伸能力明显不足。

一是满足"吃、住、行"的浅层开发多，针对"游、购、娱"的深度开发少。旅游活动较为单一，体验性、参与性、娱乐性不强，缺乏集中的旅游购物街区和大型旅游购物商店。多数景区依赖"门票经济"，尚无一家AAAAA级景区实现对全部游客免费开放，而广州沙面岛、浙江天台山、绍兴鲁迅故里、苏州金鸡湖、徐州云龙湖、山东青州古城等AAAAA级景区均实现对全部游客免费开放。二是传统旅游产品多，新型旅游产品少。与广东、江苏、浙江、山东、四川相比，江西资源型、观光型旅游产品占据主导地位，缺乏康体疗养、商务会展、教育研学、时尚运动、商业购物、主题娱乐、美食休闲等新型旅游产品，难以满足游客多样化和个性化的旅游需求。三是模仿雷同多，特色创新少。以文化旅游为例，由于缺乏深度挖掘自身文化内涵，旅游产品雷同现象较为严重，整体实力偏弱。根据人民网舆情数据中心发布的"2018年中国城市文化旅游品牌影响力排行榜TOP50"，成都、南京、深圳、杭州、青岛分别位列第二位、第四位、第五位、第八位和第十位，而江西没有1座城市入选。

（三）全域"快进"交通网络有待完善，"慢游"服务体系建设明显不足

近年来，江西旅游交通网络及公共服务设施条件得到明显改善，但与广东、江苏、浙江、山东、四川这些"万亿旅游产业俱乐部"省份相比，与"快进、慢游"的目标要求相比，旅游交通网络及公共服务体系仍有较大提升空间。一是航空与旅游尚未实现协同联动发展。全省AAAAA级景区以及部分重点AAAA级景区虽针对航空旅客推出过门票优惠政策，但政策效果仍然有限且政策措施较为单一。相比之下，广东、江苏、浙江、山东、四川在"机票＋门票"、"机票＋酒店"及一站式航空旅行解决方案等方面成功推出一系列创新举措。二是连接主要景区景点的"最后一公里"仍需持续打通。尽管全省主要景区之间都有高速公路连接，但不少景区景点"最后一公里"问题依然突出，并且缺乏旅游集散中心、停车场、旅游标识标牌等基础设施，严重制约了景区景点的发展。相比之下，广东、江苏、浙江、山东、四川的旅游大通道和旅游大环线已经基本形成。

三是"慢游"服务体系建设亟须加快。2018 年，江西委托第三方机构对 50 家高 A 级景区暗访发现，48% 的景区旅游交通不达标、35% 的景区购物服务管理不到位、40% 的景区游览服务设施还存在差距。"慢游"服务体系的不完善，直接导致江西接待的游客停留时间短，一日游的游客占比高达 70% 以上，远高于广东、江苏、浙江、山东、四川。

（四）大型旅游集团实力较弱，旅游产业资本化运作水平明显不足

一是大型旅游集团实力较弱。尽管省级层面及南昌、九江、赣州、上饶、景德镇、新余、宜春、吉安等市级层面均组建了旅游集团，但尚无一家旅游类上市公司，整体实力和影响力偏弱。根据中国旅游研究院、中国旅游协会发布的"2018 中国旅游集团 20 强"，浙江有 4 家旅游集团入选，广东有 3 家，江苏和山东各有 1 家，而江西没有 1 家旅游集团入选。二是缺乏旅游产业投融资平台。与广东、江苏、浙江、山东、四川相比，江西仅省级层面及上饶设立了百亿文旅产业发展基金，不仅基金种类和数量较少，而且政府引导性资金投入有限，难以有效发挥吸引多元资本的作用。三是金融支持旅游发展的渠道不畅。尽管近年来江西大力拓宽旅游融资渠道，推进旅游投资主体多元化，但与广东、江苏、浙江、山东、四川相比，江西旅游资源开发主要依靠财政和信贷支持，新型金融工具在旅游领域应用少，全省旅游重点建设项目都面临资金缺乏的难题。

三、旅游总收入突破万亿元后进一步推动江西旅游业发展的对策建议

（一）在"旅游精品化"上下功夫，大力推进旅游资源内涵挖掘与深度开发

一要全力打造休闲度假旅游精品。依托全省丰富的森林、山地、湖泊、湿地、温泉等旅游资源，加快中高端休闲度假旅游产品开发，在明月山温汤国家级旅游度假区的基础上，进一步推动庐山、三清山、婺源江湾、大觉山等旅游景区入选国家级旅游度假区。二要持续打造红色旅游精品。依托全省红色旅游核心资源和经典景区，进一步挖掘红色历史、讲好

红色故事，布局建设更多的红色旅游精品项目，提升完善红色旅游经典景区和红色旅游精品线路，打响"中国（江西）红色旅游博览会"品牌。三要着力打造文化旅游精品。以南昌汉代海昏侯国遗址、景德镇御窑厂遗址、赣南客家围屋等为依托，挖掘整合全省历史、民族、民俗和民间文化资源，培育一批文化旅游精品，形成独具魅力的文化影响力和特色鲜明的旅游吸引力。四要加快打造乡村旅游精品。充分发挥乡村旅游资源优势，打造一批标志性乡村旅游精品项目，培育一批精品旅游特色村、精品旅游小镇、精品创意农业旅游园区和乡村旅游度假区，整体推动全省乡村旅游的提档升级。

（二）在"大旅游经济"上做文章，着力推动旅游全景式、全要素、全业态发展

一要构建"全景江西"新体系。统筹整合全省旅游资源，树立"赣鄱大地就是一个大景区"的理念，加快城市建设、乡村振兴与旅游业全面融合发展，推动"景点旅游"向"全域旅游"转变，真正实现景区内外一体化、城市乡村一体化。二要完善"吃、住、行、游、购、娱"传统旅游要素。着力推出一批"江西旅游名小吃"，打造一批特色旅游餐饮街区，建设一批主题酒店、精品民宿、温泉酒店、乡村客栈，开发一批具有地域特色的标志性旅游商品，引入一批体验性、参与性、娱乐性项目。三要拓展"商、养、学、闲、情、奇"旅游新业态。依托全省丰富的森林、山地、湖泊、湿地、温泉等旅游资源，进一步拓展旅游的内涵和外延，大力开发多样性、差异化的旅游产品，积极培育商务旅游、养生旅游、研学旅游、休闲度假旅游、情感旅游、探奇旅游等新业态，不断满足游客"商、养、学、闲、情、奇"等多样化需求。

（三）在"航空＋旅游"上出实策，加快实现航空运输与旅游产业深度融合

一要加大对旅游航班及包机业务的政策扶持。制定常态化的奖励和补贴政策，引导省内基地航空公司提高主要旅游客源地至江西的旅游航班比例，组织开展旅游包机业务，鼓励一批重点旅游景区针对航空旅客推出门

票优惠或免费政策，吸引更多的境外和省外选择航空方式入赣旅行。二要推行"机票＋酒店＋旅游目的地"一站式解决方案。以省内航空公司为龙头，发挥航线网络和市场推广优势，整合机票、酒店、景点等资源，探索推出"机票＋酒店＋旅游目的地"产品，为境外和省外游客提供一站式航空旅游解决方案。三要积极发展通用航空飞行服务与低空旅游体验。以江西快线开通多条短途航线为契机，推进通航旅游目的地优质资源整合，谋划一批空中飞行观光精品线路，以"通用航空＋旅游观光"模式，促进通用航空与旅游融合发展。

（四）在"快进慢游"上求突破，全面提高游客出行的便利性与舒适性

一要建设"快进"旅游交通网络。推进一种及以上"快进"交通方式通达 AAAA 级景区，两种及以上通达 AAAAA 级景区，实现游客远距离快速进出目的地。健全重点旅游景区交通集散体系，完善旅游城市与主要旅游景区间的公共交通，切实解决"断头路"和"最后一公里"问题。二要完善"慢游"公共服务设施。完善重点旅游景区游客集散中心、旅游驿站、旅游标识标牌等便民服务设施，建设旅游风景道、骑行专线、登山步道、交通驿站等慢行设施，并结合沿线景观风貌和旅游资源，打造具有通达、游憩、体验、运动、健身、文化、教育等复合功能的主题线路。三要提升旅游综合服务智慧化水平。加快"一部手机游江西"项目建设，面向游客提供一站式、移动化等在线旅游综合服务，逐步推动重点旅游景区实现智能导游、电子讲解、实时信息推送，主要旅游消费场所实现在线预订、网上支付。

（五）在"资本化运作"上聚合力，进一步做大做强旅游龙头企业

一要以资本和股权为纽带做大做强旅游集团。结合企业融资发展需要，依法依规整合其他国有资产注入省旅游集团，不断增强集团资产实力。支持各级旅游集团通过项目融资、联合投资等方式与社会资本合作，不断壮大企业规模与实力。二要以产业基金撬动优质民间资本共同开发旅游资源。在现有文旅产业发展基金的基础上，引导各级旅游集团与金融机构、专业投资机构合作，再发起设立一批文旅产业发展基金，撬动更多的

社会资本参与旅游资源开发。三要支持旅游企业上市融资。对接全省企业上市"映山红行动",加快旅游企业上市步伐,重点推进省旅游集团及有实力的地市旅游集团上市。四要创新旅游融资工具。引导符合条件的旅游企业通过发行债券、私募股权等方式筹措资金,支持省内金融机构推出适合旅游企业的融资品种,探索开展门票质押、景区经营权资产证券化产品试点。

专题2 大众旅游时代下江西促进旅游消费扩大与升级的思考及建议

当前我国已经进入大众化旅游时代,旅游已经成为大众化、经常性的消费方式,旅游消费日益成为经济转型的新动能、消费升级的新引擎。与此同时,随着旅游市场规模的扩大,旅游消费范式也在不断发生变化,个性化与多样化、休闲化与体验化、品质化与中高端化日益成为旅游消费的新特征。作为旅游资源大省,近年来,江西主动策应大众旅游时代的新要求,大力挖掘旅游消费潜力、激发旅游市场活力、优化旅游消费环境,旅游消费呈现规模持续扩大、增速明显加快、贡献不断提升的良好态势。但是,由于品质不高、要素不全、宣传不足、服务不优,江西旅游消费的整体水平与旅游资源的整体优势并不匹配,旅游消费仍然不够旺盛,旅游资源优势也没有得到充分有效释放。因此,面对快速变化的旅游市场,江西要在不断扩大旅游产品有效供给的同时,持续优化旅游产品品质、提升旅游服务质量、改善旅游消费环境,进一步促进旅游消费扩大与升级,为加快实现旅游大省向旅游强省跨越提供强大动力支撑。

一、江西旅游消费的现状剖析

（一）旅游总收入和接待人数跻身全国"第一方阵"，但"标兵渐远、追兵渐近"的格局仍未根本改变

自旅游强省战略实施以来，江西旅游市场呈现出强劲的发展势头，旅游总收入、旅游接待人数持续保持两位数的增长并成功跻身全国"第一方阵"。2018年，全省实现旅游总收入8145.1亿元，晋位至全国第九，旅游接待总人数达6.9亿人次，晋位至全国第十。但是，江西旅游市场仍面临"标兵渐远、追兵渐近"的严峻形势。对比沿海发达省份，2018年广东、江苏、浙江、山东旅游总收入分别达到13600亿元、13247.3亿元、10006亿元和10461.2亿元，山东、江苏旅游接待总人数分别达到8.6亿人次和8.18亿人次；对比旅游资源类似省份，2018年四川、贵州旅游总收入分别达到10112.8亿元和9471.03亿元，旅游接待总人数分别达到7.02亿人次和9.69亿人次；对比中部兄弟省份，尽管江西旅游总收入位列中部第二，仅次于湖南的8355.73亿元，但旅游接待总人数位列中部倒数第一，河南、湖南、安徽、湖北、山西分别达到7.86亿人次、7.53亿人次、7.3亿人次、7.27亿人次和7亿人次。

（二）省外客源市场占比不断提升，但"江西人游江西"的格局仍未根本改变

随着"江西风景独好"品牌宣传和推广力度的加大，江西旅游的省外市场影响力不断扩大，对省外游客的吸引力不断增强。根据《2018年江西旅游市场大数据分析报告》，2018年省外游客占比同比提高2.4个百分点，而省内游客占比同比下降2.4个百分点。但是，从省内外游客比例看，2018年省内游客占比为70.2%，而省外游客占比仅为29.8%，游客客源市场仍以"江西人游江西"为主；从省外游客来源看，2018年华东、华南、华中地区游客分别占省外游客总数的40.6%、28.2%和15.2%，特别是广东、浙江、江苏、上海4个省市的游客占据省外游客总量的"半壁江山"，省外客源市场范围仍然有限；从境外客源市场看，2018年江西共

接待入境游客 206.3 万人次,仅占全国入境游客的 1.5% 和全省接待国内游客的 0.3%,位列中部倒数第二,安徽、河南、湖南分别达 607 万人次、437.14 万人次和 365.08 万人次。

（三）自助游、自驾游成为游客出行的首选,但"快旅快游"的格局仍未根本改变

根据《2018 年江西旅游市场大数据分析报告》,江西旅游散客与团队的平均比例为 8∶2,省外游客自驾出游占比达 58%,省内游客自驾出游占比高达 56.9%,自助游、自驾游日益成为游客出行的首选方式。但是,江西旅游市场整体处于"快旅快游"的阶段,游客停留时间短,不论是平常时间还是节假日期间,一日游仍占据主导地位。从 2018 年全年江西接待的游客看,尽管一日游的游客占比同比下降 4.1 个百分点,但占比仍然高达 70.7%,而两日游、多日游的游客分别仅占 16.6% 和 12.7%;从 2018 年"十一"黄金周江西接待的游客看,平均停留时间仅为 12.6 小时,一日游游客占比达 74.7%,两日游、多日游的游客分别仅占 17.9% 和 7.4%。

（四）游客消费方式日趋多样化,但刚性消费为主的格局仍未根本改变

随着旅游消费由大众观光旅游向休闲度假旅游转变,省内外游客的消费方式不断向"吃、住、行、游、购、娱"全方位拓展,但游客的一次旅游花费主要集中在吃、住、行、游等刚性消费,而购物、娱乐等柔性消费仍然偏低。从 2018 年江西游客的线上消费看,住宿、门票、餐饮、交通平均花费分别为 247 元、147 元、117 元和 111 元,占总消费的比重分别为 36.8%、21.9%、17.5% 和 16.5%,合计为 92.7%,而包括购物、娱乐在内的其他消费平均仅为 49 元,占比仅为 7.3%,与世界平均水平 30% 左右、全国平均水平 20% 左右相比差距明显;从 2018 年江西旅游产品销售看,出游天数在 2 天及以上的跟团游、自由行旅游产品中,纯玩无购物的旅游产品销量占旅游产品总销量比例达到 83%。

二、导致江西旅游消费不旺的主要原因

（一）旅游产品单一化、同质化特征较为突出，难以满足多元化游客群体的需求

一是旅游景区以山岳型为主，受年龄结构、性别结构制约明显。江西旅游景区绝大多数在山区，游览面积和地势高差变化大，体力要求高，对于老年群体、女性群体的吸引力不足。在2018年江西接待的游客中，55岁以上的游客占比仅为14.6%，低于全国30%的平均水平，女性游客占比仅为35.6%，远低于全国65%的平均水平。二是旅游资源开发缺乏创意，对风俗民情的挖掘不够。生态景点大多"有看头没说头"，红色景点大多"有说头缺看头"，乡村旅游大多停留在"农家乐"层面。三是避暑避寒旅游产品开发不足，旅游淡旺季特征明显。在江西接待的游客中，可供选择的避暑旅游目的地主要是庐山、井冈山、三清山等山岳型景区，而贵州、湖南等省份围绕山林、洞穴、瀑布、漂流、露营等推出了一系列的主题避暑旅游产品。同时，尽管全省已发现100余处天然出露的温泉，但仅开发了1/4，且大部分局限于疗养、洗浴等功能，而周边广东、福建、湖北等省份在温泉旅游开发和营销上已占得先机。

（二）旅游要素低层次、不健全状况较为突出，导致游客逗留时间短、消费支出低

一是吃住行的浅层开发多。民俗饮食旅游开发程度低，对江西地方特色的饮食文化挖掘不够；酒店品牌仍以商务品牌居多，具有江西特色的高端民宿、精品酒店数量偏少；旅游公交车辆大多不具备真正的旅游车功能，缺乏高档旅游交通车。二是游购娱的深度开发少。江西旅游开发仍主要停留在观光游览的基础层面，系列化、综合性、高品位的旅游项目不多，尤其缺乏一些可供游客参与、体验的项目，景区娱乐项目基本是缺项，夜间旅游活动也偏少；旅游商品开发相对滞后，知名特色商品品种少、档次低，集文化、地方、产品特色为一体的商品较少。三是"门票经济"依然突出。尽管近年来江西全面推进国有重点景区门票减免，但多数

景区仍然依靠门票收入来推动景区发展。在全省 AAAA 级景区中，半数只有门票收入；在全省 AAAAA 级景区中，景区门票收入占比最低的约30％，最高的超过90％。

（三）旅游营销方式单一、深度不足问题较为突出，缺乏针对不同游客群体的分类分层推介

一是旅游宣传推介不够精准。尽管近年来江西创新推出旅游全国百城营销"蝶翼计划"、"跟着诗文游江西"等大型城市营销活动，但宣传推介范围和精准性仍显不足。相比之下，贵州通过针对"十大火炉城市"、沪昆高铁和贵广高铁沿线城市、对口帮扶贵州的城市等开展旅游精准营销，旅游消费迎来爆发式增长。二是旅游营销手段相对单一。营销手段主要以专题推介会、电视营销、网站营销等为主，新媒体营销仍然薄弱。相比之下，西安通过与抖音战略合作，基于抖音的全系产品宣传推广西安文化旅游资源，让西安成为网络爆红的城市。三是入境旅游宣传推介不足。主要借助江西旅游海外推广工作站推介江西旅游，其效果仍然有限。从接待境外游客情况看，景德镇仍是境外游客入赣的首选和主要目的地。相比之下，山东已在美国、日本、韩国、马来西亚、新加坡等主要境外客源地设立了 6 家旅游营销中心，并与境外 30 余家大旅行商合作开展联合营销。

（四）旅游服务供给不足、质量不高现象较为突出，与游客需求存在较大差距

根据《2018 年江西旅游市场大数据分析报告》，在游客的不满意因素中，景区服务质量方面占比超过40％。具体体现为：一是旅游基础设施亟待完善。机场、高铁、高速公路与全省重点景区交通衔接仍不够顺畅，"最后一公里"亟须打通，部分景区停车场、厕所、标识标牌、游客中心等配套设施也不完善。二是旅游接待服务能力不足。交通、住宿、餐饮、索道等旅游公共服务明显不能满足大流量游客的需要，更无法满足高端消费游客的需求，因此江西旅游市场主要以中等消费群体游客为主，2018 年所占比重为56.9％。三是旅游市场主体和从业人员参差不齐。旅游市场主体在服务意识、服务能力方面还存在明显不足，宾馆饭店、出租车等不按

服务规范提供服务的现象时有发生。专业旅游人才素质不高、结构不优、支撑不足，一些景区导游是当地居民临时培训上岗的，业务素质较低。

三、促进江西旅游消费扩大与升级的对策建议

（一）以大众化、多元化的旅游需求为导向，着力优化旅游产品供给体系

一要大力发展面向大众群体的避暑休闲度假旅游。依托井冈山、三清山、龙虎山、武功山、明月山、大觉山、龟峰等，开发一批山区休闲度假基地。依托鄱阳湖、庐山西海、仙女湖、陡水湖等，开发一批湖泊休闲度假基地。依托梅岭、三爪仑、阳明山等国家森林公园，开发一批森林体验基地、森林避暑基地。二要大力发展面向中老年群体的中医药和温泉养生旅游。充分发挥中医药资源优势，推出一批集中医药康复理疗、养生保健、文化体验于一体的中医健康旅游产品。充分发挥温泉旅游资源优势，努力打造江西温泉旅游精特产品体系。三要大力发展面向青少年群体的亲子游和研学旅游。依托全省数量庞大、各具特色的乡村旅游点，深入挖掘乡村文化内涵，开发建设集农事体验、儿童乐园、自然课堂、亲子民宿等于一体的亲子游。依托全省丰富的自然和文化遗产资源、森林公园、湿地公园、地质公园、名胜古迹等，建设一批研学旅游示范基地。四要大力发展面向新型消费群体的自驾游、低空游。加快建设一批自驾车房车旅游营地，推广一批精品旅游公路自驾游线路，积极开发多类型、多功能的低空旅游产品和线路。

（二）以打破"门票经济"依赖为契机，着力构建多层次、多样化的旅游消费体系

一要完善旅游餐饮消费体系。以特色赣菜和地方菜肴为依托，以本地绿色无公害农副产品为主要原料，加快建设一批特色旅游餐饮街区，推出一批民间风俗特色小吃，打造一批"江西旅游名小吃"。二要健全旅游接待酒店体系。加快推进主要旅游景区和旅游城市的主题酒店、精品民宿、温泉酒店、乡村客栈建设，促进旅游住宿向品牌化、连锁化、规范化、便利化转型升级。三要挖掘旅游购物潜力。大力推进主要旅游消费中心购物

一条街、财物中心建设，建设一批具有一定规模的特色旅游商店，并积极拓展江西旅游产品在线销售渠道。四要拓展旅游娱乐方式。通过发展景区演艺、增加参与性娱乐项目等方式，丰富旅游娱乐产品，同时针对美食购物和文化旅游等游客夜间主要活动内容及其场所，开发富有地方特色的夜间旅游精品项目，吸引游客夜间驻留和夜间出行，提高游客消费水平。

（三）以搭建立体化营销平台为抓手，着力完善旅游宣传推广体系

一要大力开展旅游目的地精准营销。借鉴贵州经验，针对"十大火炉城市"、沪昆高铁沿线城市、周边省会城市等开展"点对点"精准营销，组织市县联合策划一批以春赏花、夏避暑、秋观叶、冬泡泉为主题的系列旅游活动，大力拓展国内旅游客源市场。二要加大境外旅游宣传营销力度。紧盯港澳台等传统客源市场，进一步推广"江西风景独好"品牌，赴东北亚、东南亚、欧美等入境旅游客源地国家开展旅游营销活动，进一步扩大江西旅游在世界朋友圈的影响力。三要强化旅游文化节会品牌打造。着力把中国（江西）红色旅游博览会、江西庐山国际文化旅游节、江西婺源国际旅游文化节等打造成为知名旅游节会品牌，支持各地举办乡村旅游节、温泉旅游节、避暑旅游节、美食旅游文化节等节会活动，强化以节促游。四要建立统一的旅游产品互联网营销终端。进一步发挥主流媒体旅游宣传优势，加大新媒体的营销力度，运用微博、微信、微电影、虚拟现实、增强现实等技术，全方位展示江西旅游整体形象。

（四）以"快进慢游"为目标，着力健全旅游公共服务体系

一要建设"快进"全域旅游交通网络。引导航空公司、客运公司开展旅游包机和旅游专列业务，支持开通或者新增旅游客运线路。在交通枢纽、游客集散中心、主要旅游景区、乡村旅游集聚地之间开通旅游公交专线、旅游直通车，实现机场、车站与景区之间的无缝对接。二要完善"慢游"公共服务设施。依托城市综合客运枢纽、重点旅游景区等，建设一批布局合理、功能完善的游客集散中心。推动高速公路服务区旅游化改造，加快旅游标识标牌建设，进一步推进旅游停车场改造和"旅游厕所革命"。三要强化旅游市场监管。大力推进旅游产品和服务质量标准化建设，创建一批旅游标准化示

范单位、旅游服务知名品牌。健全旅游投诉统一受理和快速处理机制,严惩欺客宰客、无证照经营等不法行为,落实旅游企业和从业人员"黑名单"制度。四要提高旅游从业人员业务水平。建立以高等院校、职业技术学校和旅游企业为主的旅游人才教育培训体系,有条件的职业技术院校可根据旅游市场需求,大力实施订单培养、定向培养等旅游人才培养模式。

专题3　江西加快构建全域慢游
体系的思路与对策

随着我国进入大众化旅游时代,旅游已成为一种普遍生活方式,休闲化与体验化、散客化与自助化、个性化与多样化、品质化与中高端化等特征日益明显,"慢游慢走"正成为新的旅游时尚。江西山地、森林、温泉、乡村等资源优势突出,近年来,避暑休闲养生、度假体验、保健康体、运动健身等旅游新业态迅速崛起。但是,全省"快旅快游"的格局仍未根本改变,且受年龄结构、性别结构制约明显,旅游淡旺季特征明显。为此,必须适应旅游市场新变化,统筹整合全省旅游资源,着力推出覆盖全省、带动全域、延伸周边的慢游产品,大力推进慢游体系建设,延展和提升旅游景区的IP,全面提高景区景点的参与性和体验性,为加快旅游大省向旅游强省跨越提供重要支撑。

一、江西加快构建全域慢游体系的迫切性

当前,旅游业发展的休闲化、体验化、个性化、品质化等特征日益明显,"慢游慢走"正在成为新的旅游时尚,兄弟省份也在加快布局全域慢游体系,而江西旅游市场整体处于"快旅快游"的阶段,旅游淡旺季特征明显,迫切需要改变传统旅游开发模式,加快构建全域慢游体系,重塑旅

游品牌及特色优势。

（一）从旅游业整体发展态势看，呈现休闲化与体验化、散客化与自助化、个性化与多样化、品质化与中高端化等特征，江西迫切需要把全域慢游体系作为推动旅游业发展的重要支撑

当前，随着人民生活水平的提高和旅游市场规模的扩大，我国已经进入大众化旅游时代，旅游已经成为大众化、经常性的消费方式，个性化与多样化、休闲化与体验化、品质化与中高端化日益成为旅游消费的新特征。具体体现为：一是旅游方式从组团行向自助行、自由行转变，更加体现个性化、自由化。《全球自驾游报告2019》显示，2018年国内自驾游达到5.8亿人次，同比增长35.6%。二是旅游出现圈层化、社群化、部落化趋势，游客从关注"去哪游"转向关注"和谁一起游"，三五好友、两三家庭，结伴而行、择邻而居。三是旅游业从一般观光向休闲度假、健康养生转变，更加突出文化体验和放飞心情。中国旅游研究院专项调查数据显示，2019年我国居民前往外地旅游中，参加和体验了文化活动的游客占比超过八成。四是旅游业竞争方式由景区景点吸引物的竞争向整体环境竞争转变，更便捷、更娱乐、更有体验感、社群感，成为旅游业发展的关键因素。五是旅游消费形式从单纯的线下消费转变为线上线下结合，大多数旅行者已经从提前规划到"随走随订"。2019年，中国在线旅游市场规模进入万亿时代，网上预订机票、酒店或旅游度假产品的网民规模达到5.2亿人。六是游客群体年轻化，旅游人员中80%为"80后"，"要么宅到家、要么走天涯"成为年轻人新的生活方式。因此，仅靠现有的适应观光旅游形态的旅游景区空间形态已难以满足旅游者的需要，江西迫切需要通过全域慢游体系建设，深度整合旅游资源和关联产业，培育旅游业新的增长动力。

（二）从旅游群体消费模式看，传统的"走马观花购物游"正回归纯玩游、品质游、深度游，慢游慢走正成为新的旅游时尚，江西迫切需要改变传统旅游开发模式，让"游"从"旅"开始，把"旅"变成"游"客的时间福利

慢游是区别于传统的随团出游奔走于各个景点之间的一种新型旅游方

式，主要强调旅游的慢节拍，实现真正意义上的对当地的文化、风景等各个方面的深度领略。在以往的旅游模式中，城市周边的旅游景点和名声古迹由于交通不便，使游客花在路上的时间很长，在景点游览的时间却很短，属于典型的"慢旅快游"。"上车睡觉，下车拍照"是以往不少人的旅游习惯，而如今越来越多的游客开始注重旅游过程中的体验，从纯粹的视觉观感旅游演变成融入山水之间的亲身体验，"慢游慢走"正成为新的旅游时尚。特别值得一提的是，已退休或临退休的老年人是国内游客的重要组成部分，是错峰、淡季出游的主力军，但由于成长的时代不同、生活理念不同，老年游客拥有与年轻游客不同的旅游方式和习惯。老年游客有更加充裕的时间来安排旅行，喜欢一次出行游玩多个地方，在每一个景点停留更多时间，加上身体原因等，节奏放慢的旅行方式会让他们感觉更加放松。因此，在推进旅游开发过程中，江西必须改变以旅游资源单一要素为核心的旅游开发模式，大力推进全域慢游体系建设，真正让"游"从"旅"开始，把"旅"变成"游"客的时间福利。

（三）从旅游大省发展动向看，加快布局全域慢游体系成为重要抓手，江西迫切需要统筹整合全省旅游资源，着力打造覆盖全省、带动全域、延伸周边的慢游产品体系

以贵州为例，在旅游线路呈现全面"开花"态势的同时，全面布局"慢游"体系，让游客走到哪里都能停下来观风景，尽享"多彩贵州"。一方面，贵州立足于深度化市场需求，不断推出新景区、新项目，吸引了来自各地的游客纷纷走进景区、驻足田间山野，或踏青赏景，抑或慵懒地"发呆"，尽享"慢游"的休闲惬意。另一方面，贵州加快推进精品客栈、主题酒店的建设，在全省建成一批能满足不同消费层次需求的精品客栈和主题酒店，并把自助、自驾游服务纳入智慧旅游公共服务平台，将省际边界服务区打造成为"多彩贵州"形象展示和自驾游集散中心。2019 年，贵州旅游业继续保持井喷式增长态势，接待入黔游客人次、旅游总收入均增长 30% 以上，旅游业已成为贵州重要的支柱产业。因此，结合兄弟旅游产业大省的发展动向，随着高铁、高速公路、航线等立体交通网的形成，

加快构建全域慢游体系是当务之急，这是江西旅游业现阶段发展的着力点，应按照全域化的理念，加快开发生态观光、休闲度假、避暑养生、文化体验、户外运动、研学旅行等慢游产品体系。

（四）从江西旅游消费现状看，"快旅快游"的格局仍未根本改变，且受年龄结构、性别结构制约明显，旅游淡旺季特征明显，迫切需要大力推进全域慢游体系建设，重塑旅游品牌及特色优势

作为旅游资源大省，近年来，江西主动策应大众旅游时代的新要求，大力挖掘旅游消费潜力、激发旅游市场活力、优化旅游消费环境，旅游消费呈现规模持续扩大、增速明显加快、贡献不断提升的良好态势。但是，江西旅游资源优势也未得到充分有效释放。旅游消费的整体水平与旅游资源的整体优势并不匹配，特别是存在以下突出短板和问题：一是旅游市场整体处于"快旅快游"的阶段。游客停留时间短，不论是平常时间还是节假日期间，一日游仍占据主导地位。从 2018 年全年江西接待的游客看，尽管一日游的游客占比同比下降 4.1 个百分点，但占比仍然高达 70.7%，而两日游、多日游的游客分别仅占 16.6% 和 12.7%。二是对于老年群体、女性群体的吸引力不足。在 2018 年江西接待的游客中，55 岁以上的游客占比仅为 14.6%，低于全国 30% 的平均水平，女性游客占比仅为 35.6%，远低于全国 65% 的平均水平。三是旅游淡旺季特征明显。在江西接待的游客中，可供选择的避暑旅游目的地主要是庐山、井冈山、三清山等山岳型景区，而贵州、湖南等省份围绕山林、洞穴、瀑布、漂流、露营等推出了一系列的主题避暑旅游产品。四是旅游开发主要停留在观光游览的基础层面。系列化、综合性、高品位的旅游项目不多，尤其缺乏一些可供游客参与、体验的项目，游客的一次旅游花费主要集中在吃、住、行、游等刚性消费。因此，面对快速变化的旅游市场，江西要在不断扩大旅游产品有效供给的同时，大力推进全域慢游体系建设，重塑旅游品牌及特色优势，为实现旅游大省向旅游强省跨越提供动力支撑。

二、江西特色慢游产品开发的重点方向

根据各地旅游资源禀赋和产业发展特点，按照全域化的理念，因地制

宜进行资源整合，加快开发慢游产品体系，推动形成覆盖全省、带动全域、延伸周边的慢游精品线路。重点开发以下八大特色慢游产品：

（一）禅宗文化与静坐冥想慢游产品

近年来，人们对冥想这种方式也愈发关注。江西禅宗文化独树一帜，特别是宜春作为中国禅宗圣地，至今仍保留着许多禅宗文化遗存，如禅宗"南天八祖"马祖道一归真处的靖安宝峰寺宋代建筑马祖塔亭历经千年风雨至今保存完好。禅宗在江西发扬光大以后，从某种意义上来讲，除在宗教层面的展开外，更多的是在文化层面的展开，最富有特色的宋明理学、阳明心学无不受禅宗影响。因此，江西优美生态环境与独特禅宗文化的结合，是发展禅宗文化与静坐冥想慢游产品的天然圣地。应瞄准以白领禅宗休闲游为主的中高端市场，深入挖掘宜春、九江、抚州等地的禅宗文化内涵，大力发展以禅宗文化为特色的旅游业，加快推进集文化观光与体验、休闲旅游为一体的禅都文化博览园建设，拓展提升禅修营、禅斋美食、瑜伽禅馆等禅宗文化体验项目，并将禅宗文化资源与自然生态资源相结合，发展禅宗生态旅游，建设全球禅宗文化与静坐冥想旅游胜地。

（二）温泉养生慢游产品

温泉旅游作为新兴的旅游主题，是温泉养生功能与休闲度假旅游的完美融合。江西以山岳型旅游景区为主，旅游季节性非常明显，而温泉旅游恰恰是在秋冬季节最具吸引力，能有效弥补秋冬季旅游吸引力不足的问题。目前，全省已发现 100 余处天然出露的温泉，其中温度在 50 度以上的就有 60 余处，分布在全省 11 个设区市的 57 个县（市、区），赣州、宜春、九江分列前三位，且富含多种微量元素，非常适宜旅游开发。例如，温汤富硒温泉是中国发现的少数可以与法国埃克斯温泉相媲美的优质温泉；庐山星子温泉是全国著名的富氡温泉，素有"江南第一温泉"之美誉。但是，这些丰富的温泉资源整体开发利用水平不高，仅开发了已知温泉点的 1/4，大多数还处于浅开发或待开发状态。因此，应有效整合优势资源，以赣西、赣南特色温泉旅游区为重点，串联赣北、赣中、赣东温泉旅游片，加快温泉勘探与开采步伐，坚决杜绝求短利乱开发、低水平滥开发现象,紧贴旅游消费市场,高起点策划和包装一批效益好、水平高的大项目,尽快建成一批温泉精品旅游度假区和度假村,快速提升温泉旅游的知名度和影响力,努力打造国际知名的温泉养生旅游精品目的地。

（三）山岳森林湖泊避暑慢游产品

随着持续高温天气的到来,"哪儿凉快哪儿去"的季节性度假成为居民主导性休闲需求,避暑旅游的需求日益突出。江西山高水清,森林覆盖率全国第二,拥有天然的避暑旅游资源。自"寻找避暑旅游目的地"活动启动以来,除庐山、井冈山获特别推荐外,武功山、大觉山、龙虎山、三爪仑、大茅山、瑶里、五指峰、梅岭等一批 AAAAA 级风景名胜区和国家级森林公园跻身避暑坐标之列。因此,应聚焦山岳避暑、森林避暑、滨水避暑等,依托避暑旅游资源优势,在参与性、体验性、独特性和吸引力上做文章,重点推动庐山、三清山、龙虎山、武功山等景区加快发展山岳避暑旅游,引导国家级森林公园采用避暑旅游节的形式吸引游客前来避暑,利用庐山西海、仙女湖、阳明湖等湖泊资源补齐水域旅游短板,做出亮点、做强特色、做深内涵,着力开发"人无我有、人有我优"的特色避暑旅游产品,全面提升避暑旅游的文化底蕴和特色魅力,打造世界知名、国内一流的山岳森林湖泊避暑旅游胜地。

（四）陶瓷文化慢游产品

陶瓷文化是中国传统文化的瑰宝,具有极高的欣赏和文化价值。景德镇素有"瓷都"之称,千年的窑火、众多的陶瓷古迹、精湛的陶瓷技艺,造就了景德镇丰厚的陶瓷文化的沉淀,使景德镇成为我国 35 个王牌旅游景点之一。2019 年 5 月,习近平总书记时隔三年再次视察江西,作出了要"建好景德镇国家陶瓷文化传承创新试验区,打造对外文化交流新平台"的重要指示,必将引领陶瓷文化传承创新实现新突破、带来新繁荣。因此,应以景德镇国家陶瓷文化传承创新试验区建设为引领,按照"两地一中心"的战略定位,加强陶瓷文化保护传承创新,放大陶瓷文化品牌优势,着力打造一批陶瓷文化旅游核心产品,重点支持御窑厂国家考古遗址公园创建国家 AAAAA 级景区,建设陶阳里、陶溪川、陶源谷等陶瓷文化景区，推动景德镇陶瓷文化旅游集团上市，全力创建国家全域文化旅游示范区，努力把景德镇打造成为世界著名陶瓷文化旅游目的地和世界一流的国际文化旅游名城。

（五）古村民宿慢游产品

从最初凤凰、乌镇等古村镇走红开始，古村旅游开发热潮已持续多年。江西古村镇资源丰富，是中国古村镇数量最多、类型最多样、保存相对完好的地区之一，国家级历史文化名镇名村和省级历史文化名镇名村，覆盖全省所有设区市和40多个县（市、区）。拥有丰富古村镇资源的江西，长久以来却只有婺源一处称得上全国性品牌，大多数处于人少声稀的状况。婺源的成功源自出色的品牌运作和包装，但其根本是当地大体量的古村古民居资源。同时，江西古村旅游还存在娱乐性和参与感不足的共性问题，为弥补缺陷，各地竞相开发的"农家乐"项目，却又出现同质化现象，吸引力有限。因此，应立足江西丰富的古村镇资源，对现有古村镇开发模式进行改进创新，着力开发农业观光、休闲度假、民俗演艺、农事节庆以及精品民宿、共享民宿、乡村酒店等特色旅游产品，推动村镇变景区、农舍变旅馆、农民变导游，并吸引社会资本投入，组建特色精品民宿旅游开发公司，构建具有江西特色的古村民宿慢游品牌体系。

（六）冬春观鸟慢游产品

观鸟时需要保持安静并专注，是典型的慢游产品。鄱阳湖是世界上最大的候鸟越冬栖息地，每年冬天，有近70万只候鸟在此越冬，享有"世界湿地、候鸟王国"的美誉。每年9月至次年3月，数十万越冬候鸟由北方陆续飞到南方，而次年3~4月候鸟陆续往北迁。因此，应以保护鄱阳湖区越冬候鸟和湿地资源为前提，以观鸟为切入点，挖掘候鸟文化，着力打造国际候鸟小镇，建设鸟类博物馆和观鸟平台，持续办好鄱阳湖国际观鸟周，并利用吉山岛、松门山岛特有的冲击沙形成的"江南沙漠"元素，开发沙洲游和水上游项目，植入集装箱酒店、渔夫酒吧、沙漠越野等业态，打造特色休闲产业，发展观鸟经济，打造永不落幕的国际观鸟胜地。

（七）客家文化慢游产品

赣州是中国三大客家人聚集地之一，客家人口占赣州总人口的95%以上，占世界客家总人口的10%以上，素来有"客家摇篮"之称。与此同时，赣南现存客家围屋600余座，拥有上犹九狮拜象、兴国山歌、客家门楣等百余种民间艺术，备受海内外客家人喜爱的赣南客家采茶戏，还有数量众多的客家名菜。因此，应以客家文化旅游为突破点，对传统客家文化进行传承保护和整体开发，引导客家片区统一开发、建设和推介，集中、立体、全面展示围屋的历史与文化积淀，杜绝低水平的人造景观，保持客家传统乡村风貌，推进世界围屋博览园、客家文化（赣南）生态保护实验区、赣南客家特色小镇建设，加强与广东、福建等地的客家地区的密切合作，并深入挖掘客家饮食、服饰、民俗、农耕等文化，促进客家文化旅游深度融合，使游客在"吃、住、娱、购"中体验客家风情，努力打造世界客家文化旅游休闲目的地。

（八）研学旅行慢游产品

研学旅行的兴起正是旅游工作日解决方案和丰富教育形式的最佳结合，其一大特点是不受节日和季节的影响。大中小学生占人口总数的20%，研学旅行具有巨大的市场机遇。伴随研学旅行市场的持续升温，全省特色研学活动开展如火如荼。例如，吉州窑博物馆2019年共接待来自北京、上海、广东、瑞典、英国、美国等地的研学团队近200个。因此，应依托全省丰富的自然和文化遗产、红色教育资源，以体验式教学为中心，深入发掘红色历史故事，深挖故事后面的故事、人物后面的人物，挖掘古城古镇古街古村古遗址及各类非物质文化遗产的核心文化内涵，推出名人探访游、古诗词寻迹游、书院文化游等特色研学旅游，精准设置一批"红、古、绿"游学路线，建设一批研学旅游示范基地，融入互动性强、参与度高的环节，让前来研学的学生个个都能游有所学、学有所思、学有所悟、学有所乐。

三、江西加快构建全域慢游体系的对策建议

适应旅游市场新变化，开发特色产品，构建慢游系统，发展高端业态，打造形象IP，构建大服务支撑、大产业布局、大集团运营、大资本运

作、大品牌支撑的慢游产业发展格局。

（一）适应多样化、个性化的旅游需求，提高景区景点的参与性和体验性

一要深入挖掘山水生态、农耕文化、农事体验、特色种植等旅游资源，加大对传统民俗文化的传承、保护和开发力度，打造景观型、休闲型、民宿型、体验型、种养型旅游，着力增加互动、体验、游乐、购物、文化传承等功能。二要加强陶瓷文化、古村文化、道教文化、佛教文化、名人文化等深度挖掘和开发，讲好江西文化故事，全面提升文化旅游品牌的吸引力和影响力。三要探索旅游与医疗、保健、养老的融合，大力发展生态养生度假、温泉康体保健、中医药康复医疗、养老旅游等新业态，打造一批特色鲜明、覆盖不同年龄段游客的康养旅游目的地。四要以山地户外、水上运动、轮滑运动、航空运动为重点，培育体育赛事旅游、户外运动旅游、健身休闲旅游和体育训练旅游等体育旅游产品体系。五要积极发展夜间旅游经济，培育商业型夜间旅游产品、景区型夜间旅游产品、观光型夜间旅游产品、文化娱乐型夜间旅游产品，延伸夜间经济产业链条。

（二）按照慢游产品特点，对重点景区原有设施进行升级改造

一要建立通畅的自助旅游信息网络。完善电子支付、手机二维码检票等智能服务，建立针对慢游产品的权威信息发布网站，使自助旅行者能够及时、全面掌握旅游信息。同时，在景区建立免费的咨询服务中心，为自助旅行者提供咨询服务，帮助游客解决旅行中遇到的问题。二要加大力度推动自驾游服务体系建设。针对自驾游旅客的需要，在有条件的景区建设一批功能配套、设施齐全、特色突出的自驾游驿站以及汽车旅馆、汽车营地和房车营地，并建立维修站、医疗站和综合服务站等设施，出售或出租旅途需要和野营需要等用品，向自驾游客提供全方位的服务。三要推进景区步行道和自行车道建设。针对徒步游、自行车游的需要，在有条件的景区推广慢行系统建设经验，推进步行道和自行车道建设，营造良好的慢游空间。四要提升旅游酒店及餐饮服务质量。加快建设度假型酒店、创意文化主题酒店、精品民宿、分时度假酒店、森林木屋等新型住宿设施，挖掘

各地传统特色美食,推出一批民间风俗特色小吃,打造一批"江西旅游名小吃"。

(三)引进一批大龙头、大企业、大集团,适当发展高端业态

一要打造环鄱阳湖世界遗产"东方快车"之旅。东方快车是世界最著名的豪华观光列车,最早由法国创立的国际卧铺车公司开始运营。因此,建议加强与东方快车公司与长三角地区的对接合作,利用高铁开通后闲置的铁路运力,开通南昌—庐山—景德镇—婺源—三清山—武夷山北麓—龟峰—万年稻作文化—龙虎山—南昌的环鄱阳湖世界遗产"东方快车"之旅。二要开发赣江内河豪华游轮游艇之旅。引入社会资本,将滕王阁游轮观光逐步拓展至整个赣江流域,并依托江西罗伊尔游艇工业有限公司、江西威斯特游艇有限公司,在赣江积极培育游艇旅游,满足游轮游艇等高端旅游市场的需要。三要引入地中海俱乐部度假村项目。源自法国的"地中海俱乐部"品牌,拥有遍布全球5大洲30多个国家的70多座度假村。建议加强与"地中海俱乐部"公司的对接合作,借鉴南京、威海等地"地中海俱乐部"项目建设经验,以体验式、综合性高端休闲度假旅游为特色,着力打造融五星级度假酒店、温泉会馆、大型生态餐厅、品牌特色餐饮和休闲娱乐等业态于一体的"地中海俱乐部"度假村品牌。

(四)运用IP化的思维和商业模式,对慢游产品进行提升

旅游IP(知识产权)代表着个性和稀缺性,对景区而言是景区形象认知的产品。发掘自身旅游项目的特色与亮点,创造性地去开发旅游活动,成为打造特色旅游IP的关键。一要大力开展旅游IP建设,通过景区IP的引入,丰富景区的内涵,延伸景区的产业链,给游客独一无二的游玩体验,将游客深耕为用户。二要通过节会活动来延展和提升旅游景区的IP,支持各地举办乡村旅游节、温泉旅游节、避暑旅游节、美食旅游文化节、戏曲节、观鸟节、赏花节等节会活动,维持旅游景区IP的生命力。三要用文化创意做好旅游景区IP,打造"文创+旅游"新模式。通过巧妙的创意和设计,让传统文化以高科技的表现形式展现在观众面前,形成特种电影、动漫产品、主题演艺、影视出品等独立且互通的文化科技产品。通过

VR 技术、全息投影技术等再现历史事件，并借助虚拟场景展示已经不存在或未对外开放的历史文化遗迹。

（五）针对慢游产品体系，开展全方位、多形式、立体化的营销

一要引入并借助"世界旅游论坛"这一国际化的交流平台，全面宣传推介生态观光、休闲度假、避暑养生、文化体验、户外运动、修学旅行等慢游产品体系。二要加入世界旅游城市联合会，加强与国内外旅游城市和旅行商的战略合作，构建起多领域、多层次、多渠道的慢游产品合作机制。三要借助赣浙闽皖区域城市优质旅游联盟、粤闽赣桂客家地区区域旅游联盟、中央苏区"7＋2"红色旅游区域联盟等，加强与周边城市旅游合作营销，并借助大南昌都市圈、赣东北、赣西区域旅游联盟，实现"抱团营销"。四要将大数据应用于营销分析，针对不同客源市场开展点对点精准营销，组织市县联合策划一批以春赏花、夏避暑、秋观叶、冬泡泉为主题的系列旅游活动。

专题4　江西提升会展业规模化及品牌化水平的政策建议

国内外的实践表明，作为一种新兴的产业形态，会展业对现代服务业发展、重点产业精准招商、城市功能与品质提升具有显著的牵引和推动作用。近年来，随着南昌绿地国际博览中心的投入运营，江西会展业逐步驶入发展的"快车道"，但由于起步晚，整体发展相对滞后，特别是在展馆建设、展会数量、展会品牌等方面与兄弟省市相比还存在较大差距。面对国内外会展业发展的蓬勃态势，江西也应抢抓机遇、趁势而上，着力在提升会展业规模化及品牌化水平上下功夫，努力推动会展业成为江西高质量跨越式发展的重要支撑。

一、江西会展业发展的总体态势

（一）以南昌绿地国际博览中心为龙头的展馆格局初步形成

全省共有9个专业展馆，室内展馆面积约24.8万平方米，其中南昌绿地国际博览中心面积最大，达14万平方米，弥补了江西单体10万平方米以上综合体场馆的空白。随着省展览中心"退商还文"以及南昌国际展览中心转型为商业综合体，江西会展场馆成功实现升级换代，南昌绿地国际博览中心正在成为全省会展业发展的新引擎和新名片，为会展业向规模化、国际化发展提供了良好的硬件设施。

（二）国际性展会、全国性展会、地方特色展会齐头并进的展会品牌初步形成

江西先后举办世界绿色发展投资贸易博览会、世界 VR 产业大会、国际汽车展览会、国际陶瓷博览会、国际中医药健康养生博览会、国际消费电子通信产业博览会、国际麻纺博览会等一批国际性展会，中国红色旅游博览会、中国绿色食品博览会、全国药材药品交易会、中国家具产业博览会、中国教育装备展示会等一批全国性展会，以及江西茶业博览会、江西特色商品展销会、南昌家装建材博览交易会、赣南脐橙网络博览会等一批地方特色展会。

（三）会展业"一核多点"的产业布局初步形成

得益于绿地国际博览中心的强有力支撑，南昌会展业在全省处于核心地位，不论是各类展会数量还是展出面积占全省比重均在70%左右。2018年，仅南昌绿地国际博览中心就举办了各类展会45场，总展出面积达80万平方米。另外，其他中心城市也在积极依托本地特色资源，大力培育品牌展会，如景德镇国际陶瓷博览会、上饶国际绿色建筑"三新"产品博览会、新余国际麻纺博览会、樟树全国药材药品交易会、赣州中国家具产业博览会、吉安中国红色旅游博览会等。

（四）会展业对城市经济的带动效应初步形成

以南昌为例，2018年会展业所产生的带动效益达176亿元，同比增长

77.6%。世界 VR 产业大会吸引了高通、索尼、华为、联想、HTC、紫光等全球 158 家知名企业参会参展，共有 157 个协议和项目达成意向，总投资额达 631.5 亿元。根据中国会展经济研究会发布的统计报告，在 123 个省会城市及地级市中，2018 年南昌会展业竞争力位列第八位，并荣获最具竞争力会展城市称号。

二、江西会展业发展面临的瓶颈制约

（一）大型展馆数量少且配套设施不完善

根据中国贸促会发布的统计数据，在现有专业展馆中，2018 年江西大型展馆数量仅为 2 个，不仅远低于沿海发达省份，而且在中部省份位列倒数第一，湖南、河南各有 5 个，湖北、安徽、山西各有 4 个。同时，江西大型展馆总面积仅为 15 万平方米，仅高于山西的 11.4 万平方米，远低于湖南的 35.2 平方米、湖北的 27.1 平方米和安徽的 23.6 万平方米。另外，展前接待、展中运作、展后服务等配套设施建设滞后，即便是南昌绿地国际博览中心，也在诸多功能上存在缺失。

（二）大型展会数量少且缺乏知名展会品牌

根据中国贸促会发布的统计数据，在 2018 年江西举办的各类展会中，大型展会仅为 28 场，低于河南的 188 场、湖北的 84 场、湖南的 58 场、安徽的 47 场和山西的 31 场；大型展会总展出面积为 87.5 万平方米，占全国比重仅为 0.7%，仅略高于山西的 82.5 万平方米，远低于河南的 409.4 平方米、湖北的 287.2 平方米、湖南的 173.2 平方米、安徽的 127.4 万平方米。另外，江西会展形式相对单一，主要以展会为主，"展、会、节、演、赛"全面发展的大会展格局尚未形成。

（三）展馆利用率偏低且邀商规模层次不高

以南昌绿地国际博览中心为例，2018 年展馆出租率仅为 7.23%，远低于全国 26% 的平均水平。同时，江西举办的各类大型展会不仅参展企业数量少，而且整体层次不高。例如，2018 年南昌举办的世界 VR 产业大会吸引了 158 家企业参展，而无锡举办的世界物联网博览会吸引了 526 家企业参展，长沙举办的国际智能制造博览会吸引了506家企业参展，贵阳举办的国际大数据产业博览会吸引了388家企业参展。

（四）会展企业实力较弱且专业会展人才严重缺乏

全省登记注册的会展企业仅有400多家，不仅数量少、规模小、实力弱，而且多数是从广告、旅行社、公关咨询公司转型而来，专业性明显不足，缺乏全国性及国际性展会运作的能力。同时，江西会展从业人员素质参差不齐且流动性大，尚未形成专业化、职业化体系，综合性策划、品牌策划、创意设计等专业会展人才严重缺乏。部分院校虽然设立了会展专业，但大多为高职院校，培养模式与市场需求明显脱节，难以适应会展业规模化、品牌化发展的需要。

三、江西加快会展业发展的对策建议

（一）以优化展馆布局与功能为抓手，着力提高全国性和国际性展会承接能力

一要参照发达省份的标准及国际性展会的要求，对南昌绿地国际博览中心现有设施进行改造提升，打造集会议、展览、酒店、商场、娱乐等功能于一体的会展综合体。二要依托赣江新区机场、综合保税区等便利条件，建议在临空组团再选址新建一个大型展馆，逐步改变南昌绿地国际博览中心"一家独大"的局面。三要根据全省展馆资源分布情况，全面推进中小展馆设施和服务升级，因地制宜建设与当地经济规模、产业定位、地域特色相匹配的专业展馆。四要在提升展馆通达性、便利性的同时，不断完善软件设施，特别是要借助5G、物联网、VR等推进智慧场馆建设，提升办展参展的服务体验。

（二）以重大经贸展会为重点，着力培育一批具有较大知名度和影响力的会展品牌

一要进一步提升世界绿色发展投资贸易博览会、世界VR产业大会、国际陶瓷博览会、中国绿色食品博览会、全国药材药品交易会、中国红色旅游博览会等品牌展会的规模和国际化水平，打造常办常新的精品展会。

二要紧扣"2＋6＋N"产业高质量跨越式发展行动计划，深化与国家部委、行业协会及会展机构的对接与合作，常年性举办或吸引一批专业展览和中高端会议落户江西。三要鼓励各县（市、区）结合自身特色和产业优势，积极策划特色展会项目，打造一批具有较大区域影响力的地方展会。四要瞄准国内外知名行业企业，实施精准邀商、高质量邀商，吸引一批名气大、实力强的客商前来参展，进一步提升展会的规模和层次。

（三）以"会展＋"、"大会展"为导向，着力延长和拓展会展产业链

一要以品牌展会为载体，大力发展会展相关产业，加快构建以交通、通信、金融、餐饮、住宿、娱乐等为支撑，以策划、广告、印刷、设计、租赁等为配套的会展产业体系。二要探索"会展＋商贸"、"会展＋旅游"、"会展＋文化"发展模式，构建会商文旅融合业态，积极策划会展旅游精品线路，推动会展与商贸、旅游、文化有效集成。三要以展代会、以会促展，引导展会、赛事、节庆、演艺等融合发展，推动形成"展、会、节、演、赛"全面发展的大会展格局。四要以网上展览和交易平台为基础，加快发展基于互联网的新型展览业态，推动实体展览与网上展览、网上交易互为补充。

（四）以骨干企业引培为关键，着力推动会展业上规模、上档次、上水平

一要大力引进国内外大型会展企业总部或分支机构落户江西，支持省内会展企业与励展博览集团、博闻集团、振威展览集团、博华国际展览公司等国内外知名会展企业建立合资或合作关系，不断增强市场竞争力。二要推动省内会展企业通过收购、兼并、控股、联合等方式组建大型展览集团，支持有实力的会展企业加入全球展览业协会、国际展览与项目协会等，不断提升专业化运作水平。三要引导中小型会展企业利用多层次资本市场整合优质资源，加快向专业化、品牌化方向发展，在展览策划、工程设计、展品物流、广告宣传、会务接待等会展服务各个环节，培育一批"专精特新"企业。

（五）以政策、资金、人才为保障，着力优化会展业发展环境

一要从省级层面定期发布会展活动指导目录，明确会展业发展的重点

和方向，并在省级现代服务业集聚区和龙头企业认定、服务业综合改革试点等政策上给予大力扶持。二要统筹全省支持会展业发展的各类资金，探索财政资金以市场化运作模式与金融、社会资本合作，重点支持专业性展馆建设运营、引进国内外大中型展会、培育会展龙头企业、取得国际展览业协会认证、会展宣传推介等。三要大力引进策展、组展、办展等各类会展专业人才，引导省内高校、行业协会、会展企业建立联合培养机制，并与国内外培训机构开展合作，培养适应会展业发展需要的技能型、应用型和复合型人才。

参考文献

[1] Adina Candrea, Cristinel Constantin, Ana Ispas. Public – private partnerships for a sustainable tourism development of urban destinations. The case of braşov, romania [J]. Transylvanian Review of Administrative Sciences, 2017, 13 (SI): 38 – 56.

[2] Alcolado Pedro M. Ecological assessment of semi – enclosed marine water bodies of the Archipelago Sabana – Camaguey (Cuba) prior to tourism development projects [J]. Marine Pollution Bulletin, 1991 (23): 375 – 378.

[3] Alessandro Sanches – Pereira, Bonapas Onguglo, Henrique Pacini, et al. Fostering local sustainable development in Tanzania by enhancing linkages between tourism and small – scale agriculture [J]. Journal of Cleaner Production, 2017 (162): 1567 – 1581.

[4] Aleš Ruda. Spatial decision support using data geo – visualization: The example of the conflict between landscape protection and tourism development [J]. Journal of Maps, 2016, 12 (5): 1262 – 1267.

[5] Alice Wanner, Ulrike Pröbstl – Haider. Barriers to stakeholder involvement in sustainable rural tourism development – experiences from southeast Europe [J]. Sustainability, 2019, 11 (12).

[6] Amy Diedrich, Shankar Aswani. Exploring the potential impacts of tourism development on social and ecological change in the Solomon Islands [J]. Ambio, 2016, 45 (7): 808 – 818.

[7] Andreea Zamfir, Razvan – Andrei Corbos. Towards sustainable tourism

development in urban areas: Case study on bucharest as tourist destination [J]. Sustainability, 2015, 7 (9): 12709 - 12722.

[8] Anselin L. Local indicators of spatial association – LISA [J]. Geographical Analysis, 1995, 27 (2): 93 - 115.

[9] Antonio Nesticò, Gabriella Maselli. Sustainability indicators for the economic evaluation of tourism investments on islands [J]. Journal of Cleaner Production, 2020 (248).

[10] Bi - xia Chen, Zhen - mian Qiu. Community attitudes toward ecotourism development and environmental conservation in nature reserve: A case of Fujian Wuyishan National Nature Reserve, China [J]. Journal of Mountain Science, 2017, 14 (7): 1405 - 1418.

[11] Bieger T, Wittmer A. Air transport and tourism: Perspectives and challenges for destinations airlines and government [J]. Journal of Air Transport Management, 2006 (12): 40 - 46.

[12] Binhao Wang, Xiafei Zheng, Hangjun Zhang, et al. Bacterial community responses to tourism development in the Xixi National Wetland Park, China [J]. Science of the Total Environment, 2020 (1): 720.

[13] Bw Li. Urbanization approach research on minority region focus on tourism as the industrial power [M]. China Social Sciences Press, 2014: 142 - 155.

[14] Chanin Yoopetch, Suthep Nimsai. Science mapping the knowledge base on sustainable tourism development, 1990 - 2018 [J]. Sustainability, 2019, 11 (13).

[15] Chengcai Tang, Xinfang Wu, Qianqian Zheng, et al. Ecological security evaluations of the tourism industry in Ecological Conservation Development Areas: A case study of Beijing's ECDA [J]. Journal of Cleaner Production, 2018 (197): 999 - 1010.

[16] Chi - Ming Hsieh, Bi - Kun Tsai, Han - Shen Chen. Residents' at-

titude toward aboriginal cultural tourism development: An integration of two theories [J]. Sustainability, 2017, 9 (6).

[17] Chia – Chi Wu, Huei – Min Tsai. Capacity building for tourism development in a nested social – ecological system – A case study of the South Penghu Archipelago Marine National Park, Taiwan [J]. Ocean and Coastal Management, 2016 (123): 66 – 73.

[18] Chien – Chiang Lee, Mei – Se Chien. Structural breaks, tourism development, and economic growth: Evidence from Taiwan [J]. Mathematics and Computers in Simulation, 2007, 77 (4): 358 – 368.

[19] Col R. Clipping the clouds: How air travel changed the world [J]. Air Power History, 2010, 57 (1): 49.

[20] Copeland E. The role of airlines in the tourism and environment debate [J]. Tourism Management, 1992, 13 (1): 112 – 114.

[21] Esteban Barboza – Núñez. Curriculum and tourism development in guanacaste, costa Rica: An analysis of the technical and higher educatio [J]. Revista Electronic@ Educare, 2017, 22 (1): 1 – 17.

[22] Evanthie Michalena, Yiannis Tripanagnostopoulos. Contribution of the solar energy in the sustainable tourism development of the Mediterranean islands [J]. Renewable Energy, 2009, 35 (3): 667 – 673.

[23] E. Christian Wells, Rebecca K. Zarger, Linda M. Whiteford, et al. The impacts of tourism development on perceptions and practices of sustainable wastewater management on the Placencia Peninsula, Belize [J]. Journal of Cleaner Production, 2016 (111): 430 – 441.

[24] Fernández X L, Coto – Millán P, Díaz – Medina B. The impact of tourism on airport efficiency: The Spanish case [J]. Utilities Policy, 2018 (55): 52 – 58.

[25] Ganlin Huang, Saleem Ali. Local sustainability and gender ratio: Evaluating the impacts of mining and tourism on sustainable development in Yunnan, China

[J]. International Journal of Environmental Research and Public Health, 2015, 12 (1): 927 - 939.

[26] Gheorghe C M, Sebea M, Stoenescu C. From passengers to airport customers - How should airports relate to their target groups? [J]. Romanian Economic and Business Review, 2017 (1): 86 - 98.

[27] Gosteli G, Yersin B, Mabire C, et al. Retrospective analysis of 616 air - rescue trauma cases related to the practice of extreme sports [J]. Injury, 2016, 47 (7): 1414 - 1420.

[28] Greg Hill, Johanna Rosier, Pam Dyer. Tourism development and environmental limitations at Heron Island, Great Barrier Reef: A response [J]. Journal of Environmental Management, 1995, 45 (1): 91 - 99.

[29] Gössling S, Peeters P. "It does not harm the environment!" An analysis of industry discourses on tourism, air travel and the environment [J]. Journal of Sustainable Tourism, 2007, 15 (4): 402 - 417.

[30] Hui Liu. Mechanism, path and practice of the convergence development of tourism industry in the context of economic transformation [J]. The Anthropologist, 2017, 29 (2 - 3): 119 - 128.

[31] Hussain, Chen, Nurunnabi. The role of social media for sustainable development in mountain region tourism in Pakistan [J]. International Journal of Sustainable Development & World Ecology, 2019, 26 (3): 226 - 231.

[32] HVASS K A. To fund or not to fund: A critical look at funding destination marketing campaigns [J]. Journal of Destination Marketing & Amp, Management, 2014, 3 (3): 173 - 179.

[33] Jaffar Aman, Jaffar Abbas, Shahid Mahmood, et al. The influence of islamic religiosity on the perceived socio - cultural impact of sustainable tourism development in Pakistan: A structural equation modeling approach [J]. Sustainability, 2019, 11 (11).

[34] Jenni Soo - Hee Lee, Chi - Ok Oh. The causal effects of place attach-

ment and tourism development on coastal residents' environmentally responsible behavior [J]. Coastal Management, 2018, 46 (3): 176 – 190.

[35] Jian H, Pan H, Xiong G, et al. The impacts of civil airport layout to yunnan local tourism industry [J]. Transportation Research Procedia, 2017 (25): 77 – 91.

[36] Jianying Xu, Yihe Lü, Liding Chen, et al. Contribution of tourism development to protected area management: Local stakeholder perspectives [J]. International Journal of Sustainable Development & World Ecology, 2009, 16 (1): 30 – 36.

[37] Joseph E. Mbaiwa, Amanda L. Stronza. Changes in resident attitudes towards tourism development and conservation in the Okavango Delta, Botswana [J]. Journal of Environmental Management, 2011, 92 (8): 1950 – 1959.

[38] Kali Penney, Jeremy Snyder, Valorie A Crooks, et al. Risk communication and informed consent in the medical tourism industry: A thematic content analysis of canadian broker websites [J]. BMC Medical Ethics, 2011, 12 (1).

[39] Khadaroo J, Seetanah B. The role of transport infrastructure in international tourism development: A gravity model approach [J]. Tourism Management, 2008, 29 (5): 831 – 840.

[40] Krystyna Adams, Jeremy Snyder, Valorie A. Crooks, et al. A critical examination of empowerment discourse in medical tourism: The case of the dental tourism industry in Los Algodones, Mexico [J]. Globalization and Health, 2018, 14 (1): 70.

[41] Li Wang, Lin Lu, Shi – rong Tong, et al. Residents' attitudes to tourism development in ancient village resorts [J]. Chinese Geographical Science, 2003, 14 (2): 170 – 178.

[42] Ling – en Wang, Sheng – kui Cheng, Lin – sheng Zhong, et al. Rural tourism development in China: Principles, models and the future [J]. Journal

of Mountain Science, 2013, 10 (1): 116 – 129.

[43] Lohmann G, Albers S, Koch B, et al. From hub to tourist destination – An explorative study of Singapore and Dubai's aviation – based transformation [J]. Journal of Air Transport Management, 2009, 15 (5): 205 – 211.

[44] Lufeng Yao, Mi Hao, Jingshu Wang. "Impressive Scenery of Shanxi" galas held in Shanxi to promote tourism development [J]. Journal of Geographical Sciences, 2017, 27 (11): 1428.

[45] Lydia Teh, Annadel S. Cabanban. Planning for sustainable tourism in southern Pulau Banggi: An assessment of biophysical conditions and their implications for future tourism development [J]. Journal of Environmental Management, 2006, 85 (4): 999 – 1008.

[46] Machiel Lamers, Daniela Liggett, Bas Amelung. Strategic challenges of tourism development and governance in Antarctica: Taking stock and moving forward [J]. Polar Research, 2012 (31): 1 – 13.

[47] Magdalena Drăgan, Gabriela Cocean. Constraints on tourism development caused by the road network in the apuseni mountains [J]. Romanian Review of Regional Studies, 2015, XI (2): 85 – 94.

[48] Mahsa Masih, Seyyed Ali Jozi, Akram Al – Molook Lahijanian, et al. Capability assessment and tourism development model verification of Haraz watershed using analytical hierarchy process (AHP) [J]. Environmental Monitoring and Assessment, 2018, 190 (8): 1 – 16.

[49] Maia Lordkipanidze, Han Brezet, Mikael Backman. The entrepreneurship factor in sustainable tourism development [J]. Journal of Cleaner Production, 2004, 13 (8): 787 – 798.

[50] Mohammad Najjarzadeh, Majid Nematolahi. Structural modeling of factors influencing local residents' perception towards supporting sustainable tourism development in persepolis [J]. كاربردی شناسی جامعه, 2018, 29 (1): 41 – 62.

［51］ Natalia Restrepo, Salvador Anton Clavé. Institutional thickness and regional tourism development: Lessons from Antioquia, Colombia ［J］. Sustainability, 2019, 11 (9) .

［52］ Ozturk. The relationships among tourism development, energy demand, and growth factors in developed and developing countries ［J］. International Journal of Sustainable Development & World Ecology, 2016, 23 (2): 122 - 131.

［53］ Pirie G. Incidental tourism: British imperial air travel in the 1930s ［J］. Journal of Tourism History, 2009, 1 (1): 49 - 66.

［54］ Purdie H, Gomez C, Espiner S. Glacier recession and the changing rockfall hazard: Implications for glacier tourism ［J］. New Zealand Geographer, 2015, 71 (3): 189 - 202.

［55］ Rencai Dong, Lijun Yu, Guohua Liu. Impact of tourism development on land - cover change in a matriarchal community in the Lugu Lake area ［J］. International Journal of Sustainable Development & World Ecology, 2008, 15 (1): 28 - 35.

［56］ Scarlett Magda, Olivia Spohn, Taweepoke Angkawanish, et al. Risk factors for saddle - related skin lesions on elephants used in the tourism industry in Thailand ［J］. BMC Veterinary Research, 2015, 11 (1): 117.

［57］ Schmallegger D, Harwood S, Cerveny L, et al. Tourist populations and local capital ［J］. Demography at the Edge: Remote Human Populations in Developed Nations, 2011 (1): 271 - 288.

［58］ Schänzel H A, Yeoman I. Trends in family tourism ［J］. Journal of Tourism Futures, 2015, 1 (2): 141 - 147.

［59］ Sean Jugmohan, Andrea Giampiccoli. Community - based tourism development: A possible educational gap ［J］. The Anthropologist, 2017, 30 (1): 52 - 60.

［60］ Siow - Hooi Tan, Muzafar Shah Habibullah, Siow - Kian Tan, et al. The impact of the dimensions of environmental performance on firm perform-ance in travel and tourism industry [J]. Journal of Environmental Management, 2017 (203): 603 –611.

[61] Stepanova Svetlana. The role of tourism in the development of Russia's Northwestern Border Regions [J]. Baltic Region, 2016, 8 (3): 109 –120.

[62] Tang C, Weaver D, Lawton L. Can stopovers be induced to revisit transit hubs as stayovers? A new perspective on the relationship between air trans-portation and tourism [J]. Journal of Air Transport Management, 2017 (62): 54 –64.

[63] Taylor Z. Air charter leisure traffic and organised tourism in Poland: Are charters passé? [J]. Moravian Geographical Reports, 2016, 24 (4): 15 –25.

[64] Tracey Hickman, Chris Cocklin. Attitudes toward recreation and tourism development in the coastal zone: A New Zealand study [J]. Coastal Management, 1992, 20 (3): 269 –289.

[65] Tsui K W H, Yuen A C L, Fung M K Y. Maintaining competitive-ness of aviation hub: Empirical evidence of visitors to China via Hong Kong by air transport [J]. Current Issues in Tourism, 2018, 21 (11): 1260 –1284.

[66] Vieira J, Camara G, Silva F, et al. Airline choice and tourism growth in the Azores [J]. Journal of Air Transport Management, 2019 (6): 1 –6.

[67] Wan – Chen Po, Bwo – Nung Huang. Tourism development and eco-nomic growth – a nonlinear approach [J]. Physica A: Statistical Mechanics and Its Applications, 2008, 387 (22): 5535 –5542.

[68] Wei Shui, Guowei Xu. Analysis of the influential factors for changes to land use in China's Xingwen Global Geopark against a tourism development background [J]. Geocarto International, 2016, 31 (1): 22 –41.

[69] Weibing Zhao, Xingqun Li. Globalization of tourism and third world tourism development [J]. Chinese Geographical Science, 2006, 16 (3): 203 –210.

［70］Wu C，Hayashi Y，Funck C. The role of charter flights in Sino – Japanese tourism［J］. Journal of Air Transport Management，2012（22）：21 – 27.

［71］Yu – ling Zhang，Jie Zhang，Hong – ou Zhang，et al. Residents' environmental conservation behaviour in the mountain tourism destinations in China：Case studies of Jiuzhaigou and Mount Qingcheng［J］. Journal of Mountain Science，2017，14（12）：2555 – 2567.

［72］Ţigu G，Stoenescu C. Stopover Tourism – connecting airlines，airports and tourism organizations［J］. Knowledge Horizons Economics，2017，9（2）：54 – 58.

［73］包富华，张曼，朱美宁. FDI 与入境商务旅游的互动关系研究——以江、浙、沪为例［J］. 世界地理研究，2018，27（5）：157 – 166.

［74］蔡碧凡，陶卓民，方叶林. 中国大陆入境旅游与国内旅游经济时空差异研究［J］. 中国人口·资源与环境，2016，26（S1）：297 – 300.

［75］蔡萌，汪宇明. 低碳旅游：一种新的旅游发展方式［J］. 旅游学刊，2010，25（1）：13 – 17.

［76］陈瑾. 发展民宿经济与提升乡村旅游品质研究——以江西省为例［J］. 企业经济，2017，36（8）：142 – 147.

［77］陈向红. 旅游经济强省战略下的旅游创新发展研究——以四川为例［J］. 湖南财政经济学院学报，2016，32（2）：116 – 124.

［78］陈志辉. 湖南旅游发展现状及旅游强省路径探讨［J］. 湖南行政学院学报，2013（1）：59 – 64.

［79］程锦，陆林，朱付彪. 旅游产业融合研究进展及启示［J］. 旅游学刊，2011，26（4）：13 – 19.

［80］程晓丽，祝亚雯. 安徽省旅游产业与文化产业融合发展研究［J］. 经济地理，2012，32（9）：161 – 165.

［81］党亚茹，陈韦宏. 基于中国优秀旅游城市的航空客运网络分析［J］. 旅游学刊，2011，26（2）：13 – 19.

［82］邓玲珍. 江西省低空旅游发展的 SWOT 分析［J］. 金融经济，

2014（8）：32-34.

[83] 邓小海，曾亮，罗明义．精准扶贫背景下旅游扶贫精准识别研究[J]．生态经济，2015，31（4）：94-98.

[84] 刁宗广，张涛．中国城乡居民国内旅游消费水平和消费结构比较研究[J]．人文地理，2010，25（2）：143，158-160.

[85] 杜文才．搭建海南"一站式"电子旅游平台创建旅游强省[J]．海南大学学报（人文社会科学版），2002（4）：86-93.

[86] 杜焱．旅游产业发展潜力的测度与评价——以湖南省为例[J]．经济地理，2014，34（6）：176-181.

[87] 段跃庆．云南建设旅游强省的融合发展路径研究[J]．旅游研究，2015，7（2）：1-6.

[88] 方远平，谢蔓，毕斗斗，等．中国入境旅游的空间关联特征及其影响因素探析——基于地理加权回归的视角[J]．旅游科学，2014，28（3）：22-35.

[89] 付业勤，王新建，郑向敏．基于网络文本分析的旅游形象研究——以鼓浪屿为例[J]．旅游论坛，2012，5（4）：59-66.

[90] 高楠，马耀峰，李天顺，白凯．基于耦合模型的旅游产业与城市化协调发展研究——以西安市为例[J]．旅游学刊，2013，28（1）：62-68.

[91] 高群，严艳，熊英．交通客运量与游客流量：基于面板数据的定量分析[J]．商业研究，2010（2）：41-43.

[92] 辜胜阻，方浪，刘伟．促进中国城镇化与旅游业互动发展的战略思考[J]．河北学刊，2014，34（6）：89-94.

[93] 韩玲华，姚国章．江苏省智慧旅游公共服务平台建设[J]．郑州航空工业管理学院学报，2014，32（3）：54-59.

[94] 韩元军，吴普，林坦．基于碳排放的代表性省份旅游产业效率测算与比较分析[J]．地理研究，2015，34（10）：1957-1970.

[95] 郝敏，唐锦辉，熊玲，程龙，张佳惠，廖家智．中国空中医疗

救援建设存在的问题与对策[J]. 医学与社会，2017，30（8）：24-26.

［96］何调霞，黄成林，梁双波. 中国旅游业发展与航空运输业关联分析[J]. 热带地理，2007（4）：332-336.

［97］贺珍瑞. 基于钻石模型的山东省旅游产业竞争力分析[J]. 开发研究，2011（2）：38-42.

［98］洪文艺. 旅游产业集群：区域旅游发展升级新模式——以江西省为例[J]. 企业经济，2016（1）：155-159.

［99］侯兵，周晓倩. 长三角地区文化产业与旅游产业融合态势测度与评价[J]. 经济地理，2015，35（11）：211-217.

［100］胡道华，赵黎明. 中国旅游业与民航客运业相关性研究及启示[J]. 中国流通经济，2011，25（9）：77-81.

［101］黄细嘉，曾群洲，陈志军. 红色旅游可持续发展的战略思考——以江西为例[J]. 经济研究导刊，2008（19）：213-216.

［102］黄震方，陆林，苏勤，章锦河，孙九霞，万绪才，靳诚. 新型城镇化背景下的乡村旅游发展——理论反思与困境突破[J]. 地理研究，2015，34（8）：1409-1421.

［103］姬汝茂. 河南文化旅游强省跨越式发展的路径选择[J]. 前沿，2009（7）：90-93.

［104］戢晓峰，刘传颖，李杰梅. 旅游业驱动的区域航空网络时空演化特征[J]. 经济地理，2017，37（11）：205-212.

［105］纪小美，陈金华，付业勤. 中国入境旅游流的收敛与空间溢出效应分析[J]. 旅游科学，2015，29（4）：47-60.

［106］金力伟. 金融支持云南省旅游产业发展研究［D］. 中央民族大学，2015.

［107］金卫东. 智慧旅游与旅游公共服务体系建设[J]. 旅游学刊，2012，27（2）：5-6.

［108］李磊，陆林. 合福高铁沿线旅游地合作网络与模式[J]. 自然资源学报，2019，34（9）：1917-1932.

[109] 李裕瑞，曹智，郑小玉，刘彦随．我国实施精准扶贫的区域模式与可持续途径[J]．中国科学院院刊，2016，31（3）：279-288.

[110] 李云鹏，胡中州，黄超，段莉琼．旅游信息服务视阈下的智慧旅游概念探讨[J]．旅游学刊，2014，29（5）：106-115.

[111] 李志强，朱湘辉．供给侧改革视阈下江西乡村旅游产品转型升级研究[J]．老区建设，2016（16）：50-51.

[112] 厉新建，张凌云，崔莉．全域旅游：建设世界一流旅游目的地的理念创新——以北京为例[J]．人文地理，2013，28（3）：130-134.

[113] 梁雪松．旅游消费需求与交通工具选择的相关性研究——基于高铁与航空运输视角[J]．经济问题探索，2012（11）：123-130.

[114] 林岚，康志林，甘萌雨，叶金玉．基于航空口岸的台胞大陆旅游流空间场效应分析[J]．地理研究，2007（2）：403-413.

[115] 刘定惠，杨永春．区域经济—旅游—生态环境耦合协调度研究——以安徽省为例[J]．长江流域资源与环境，2011，20（7）：892-896.

[116] 刘伏英．"快旅"时代旅游消费需求变化研究——以武广高铁鄂湘粤地区为例[J]．学术论坛，2010，33（2）：77-81.

[117] 刘嘉毅，陈玉萍，夏鑫．中国空气污染对入境旅游发展的影响[J]．资源科学，2018，40（7）：1473-1482.

[118] 刘军林，范云峰．智慧旅游的构成、价值与发展趋势[J]．重庆社会科学，2011（10）：121-124.

[119] 刘又堂．全域旅游视阈下旅游目的地功能变化[J]．社会科学家，2016（10）：90-94.

[120] 刘云霞，尹寿兵．国外航空旅游业研究综述与启示[J]．热带地理，2013，33（3）：356-362.

[121] 刘增涛，赵鸣．江苏"一带一路"旅游产业发展对策研究[J]．城市，2016（1）：9-15.

[122] 麻学锋，张世兵，龙茂兴．旅游产业融合路径分析[J]．经济地理，2010，30（4）：678-681.

［123］马丽君，孙根年，张毓.中国入境旅游与民航客运关系及城市分布的统计分析［J］.旅游论坛，2010，3（5）：548－552.

［124］穆成林，陆林.京福高铁对旅游目的地区域空间结构的影响——以黄山市为例［J］.自然资源学报，2016，31（12）：2122－2136.

［125］阮文奇，郑向敏，李勇泉，等.中国入境旅游的"胡焕庸线"空间分布特征及驱动机理研究［J］.经济地理，2018，38（3）：181－189，199.

［126］苏建军，孙根年，徐璋勇.旅游发展对我国投资、消费和出口需求的拉动效应研究［J］.旅游学刊，2014，29（2）：25－35.

［127］苏建军，孙根年，赵多平.近30年来中国航空客运与入境旅游的关联效应及空间差异划分［J］.热带地理，2012，32（5）：553－560.

［128］孙晓东，冯学钢.中国省际旅游发展的多指标综合相似性及时空聚类特征［J］.自然资源学报，2015，30（1）：50－64.

［129］唐召英，阳宁光，苏智先.四川实现生态旅游强省的历史机遇及可行性分析［J］.资源开发与市场，2004（6）：469－470.

［130］田逢军.中部崛起背景下江西旅游景区发展问题与提升路径［J］.经济地理，2016，36（1）：194－199，207.

［131］田延.以机场为旅游地的航空观光项目开发研究［J］.空运商务，2013（11）：51－54.

［132］万田户，黄和平.江西省入境旅游流时空演变研究［J］.世界地理研究，2014，23（3）：128－139.

［133］汪德根，陈田，陆林，王莉，ALAN August Lew.区域旅游流空间结构的高铁效应及机理——以中国京沪高铁为例［J］.地理学报，2015，70（2）：214－233.

［134］汪德根，陈田.中国旅游经济区域差异的空间分析［J］.地理科学，2011，31（5）：528－536.

［135］王恩旭，吴荻，匡海波.基于标准离差－G1－DEA的旅游机场竞争力与效率差异性评价的对比研究［J］.科研管理，2016，37（2）：

152 - 160.

[136] 王慧敏. 文化创意旅游：城市特色化的转型之路[J]. 学习与探索，2010 (4)：122 - 126.

[137] 王姣娥，胡浩. 中国高铁与民航的空间服务市场竞合分析与模拟[J]. 地理学报，2013，68 (2)：175 - 185.

[138] 王姣娥，景悦，杨浩然. 高速铁路对国内民航旅客运输的替代效应测度[J]. 自然资源学报，2019，34 (9)：1933 - 1944.

[139] 王姣娥，王涵，焦敬娟. 中国航空运输业与旅游业发展水平关系测度[J]. 地理科学，2016，36 (8)：1125 - 1133.

[140] 王珂. 通用航空旅游的系统构成与发展模式研究 [D]. 长安大学，2011.

[141] 王坤，黄震方，曹芳东，等. 泛长江三角洲城市旅游经济发展的空间效应[J]. 长江流域资源与环境，2016，25 (7)：1016 - 1023.

[142] 王坤，黄震方，余凤龙，曹芳东. 中国城镇化对旅游经济影响的空间效应——基于空间面板计量模型的研究[J]. 旅游学刊，2016，31 (5)：15 - 25.

[143] 王龙杰，曾国军，毕斗斗. 信息化对旅游产业发展的空间溢出效应[J]. 地理学报，2019，74 (2)：366 - 378.

[144] 王蔚. 山东省休闲旅游发展研究 [D]. 山东大学，2010.

[145] 王永明，马耀峰. 城市旅游经济与交通发展耦合协调度分析——以西安市为例[J]. 陕西师范大学学报（自然科学版），2011，39 (1)：86 - 90.

[146] 王永明，王美霞，吴殿廷，李瑞. 基于 ZINB 模型的中国省域间入境旅游流影响因素[J]. 经济地理，2018，38 (11)：234 - 240.

[147] 王兆峰. 入境旅游流与航空运输网络协同演化及差异分析——以西南地区为例[J]. 地理研究，2012，31 (7)：1328 - 1338.

[148] 王志东. 中国地方政府促进旅游业发展政策支持实证研究[J]. 东岳论丛，2005 (5)：69 - 76.

［149］王志发．旅游强省的内涵及产业特征［N］．中国旅游报，2011 – 07 – 01（11）．

［150］韦福巍．广西入境旅游市场时空变化特征研究［D］．广西师范学院，2010．

［151］温碧燕，梁明珠．基于因素分析的区域旅游竞争力评价模型研究［J］.旅游学刊，2007（2）：18 – 22．

［152］翁钢民，李凌雁．中国旅游与文化产业融合发展的耦合协调度及空间相关分析［J］.经济地理，2016，36（1）：178 – 185．

［153］吴国琴．产业融合背景下河南省旅游业发展对策［J］.企业经济，2012，31（4）：108 – 111．

［154］吴国琴．河南省旅游产业融合发展现状与对策［J］.信阳师范学院学报（哲学社会科学版），2012，32（3）：62 – 66．

［155］吴晋峰，潘旭莉．入境旅游流网络与航空网络的关系研究［J］.旅游学刊，2010，25（11）：39 – 43．

［156］吴晋峰，任瑞萍，韩立宁，等．中国航空国际网络结构特征及其对入境旅游的影响［J］.经济地理，2012，32（5）：147 – 152．

［157］吴三忙．产业关联与产业波及效应研究——以中国旅游业为例［J］.产业经济研究，2012（1）：78 – 86．

［158］吴文智，庄志民．体验经济时代下旅游产品的设计与创新——以古村落旅游产品体验化开发为例［J］.旅游学刊，2003（6）：66 – 70．

［159］吴玉鸣．旅游经济增长及其溢出效应的空间面板计量经济分析［J］.旅游学刊，2014，29（2）：16 – 24．

［160］武虹剑，李仲广，谢彦君，王娟．旅游强省的研究现状、理论基础与评价体系研究［J］.旅游学刊，2008（4）：53 – 57．

［161］席建超，甘萌雨，吴普，葛全胜．中国入境游客旅游消费总体趋势与区域差异：1996 ~ 2005 年［J］.地理研究，2010，29（4）：737 – 747．

［162］肖芸．航空业发展对中国旅游业的影响研究［J］.经济研究导刊，2012（20）：43 – 45．

[163] 邢晟. 河南文化产业与旅游产业融合发展的必要性及实现途径[J]. 中国发展, 2012, 12 (4): 81 - 84.

[164] 徐冬, 黄震方, 黄睿, 等. 中国中东部雾霾污染与入境旅游的时空动态关联分析[J]. 自然资源学报, 2019, 34 (5): 1108 - 1120.

[165] 徐金海, 王俊. "互联网+" 时代的旅游产业融合研究[J]. 财经问题研究, 2016 (3): 123 - 129.

[166] 徐仁立. 旅游产业与文化产业融合发展的思考[J]. 宏观经济管理, 2012 (1): 61 - 62, 65.

[167] 薛华菊, 方成江, 马耀峰. 产业融合视角下陕西旅游遗产文化业发展模式研究[J]. 国土与自然资源研究, 2014 (6): 52 - 54.

[168] 阎友兵, 张颖辉, 谭鲁飞. 基于灰色关联分析的湖南省旅游产业发展战略研究[J]. 湖南工程学院学报 (社会科学版), 2011, 21 (1): 5 - 10.

[169] 杨长春, 方玺. 基于 VAR 模型的国际航空客运运输与旅游服务贸易关系的实证分析[J]. 国际商务 (对外经济贸易大学学报), 2014 (6): 49 - 58.

[170] 杨春华, 吴晋峰, 周芳如, 等. 铁路通达性变化对区域旅游业的影响——以京津冀、长三角地区对比为例[J]. 经济地理, 2018, 38 (2): 188 - 196.

[171] 杨宏恩, 田晓燕. 河南省文化产业发展的问题与对策探讨——基于旅游强省的视角[J]. 河南财政税务高等专科学校学报, 2010, 24 (3): 48 - 51.

[172] 杨强. 体育旅游产业融合发展的动力与路径机制[J]. 体育学刊, 2016, 23 (4): 55 - 62.

[173] 杨振之. 全域旅游的内涵及其发展阶段[J]. 旅游学刊, 2016, 31 (12): 1 - 3.

[174] 余凤龙, 黄震方, 方叶林. 中国农村居民旅游消费特征与影响因素分析[J]. 地理研究, 2013, 32 (8): 1565 - 1576.

[175] 俞彤. 基于 SPSS 的广东省旅游业与经济发展的实证研究[J]. 特区经济, 2014 (7): 160 - 164.

[176] 张彩虹, 段朋飞. 智慧旅游背景下云南旅游转型与发展的策略研究[J]. 旅游纵览 (下半月), 2014 (11): 204 - 206.

[177] 张城铭, 翁时秀, 保继刚. 1978 年改革开放以来中国旅游业发展的地理格局 [J]. 地理学报, 2019, 74 (10): 1980 - 2000.

[178] 张广海, 刘佳. 山东省旅游品牌的开发与对策[J]. 中国海洋大学学报 (社会科学版), 2009 (4): 64 - 68.

[179] 张广瑞. 关于中国旅游发展的理性思考[J]. 中国软科学, 2011 (2): 16 - 33.

[180] 张广宇, 杨五洲. "一带一路"背景下四川旅游业"供给侧改革"的战略思考[J]. 决策咨询, 2016 (3): 32 - 35.

[181] 张海燕, 王忠云. 旅游产业与文化产业融合发展研究[J]. 资源开发与市场, 2010, 26 (4): 322 - 326.

[182] 张海燕, 王忠云. 旅游产业与文化产业融合运作模式研究[J]. 山东社会科学, 2013 (1): 169 - 172.

[183] 张辉, 岳燕祥. 全域旅游的理性思考[J]. 旅游学刊, 2016, 31 (9): 15 - 17.

[184] 张建辉, 靳涛. 转型式经济增长与城乡收入差距: 中国的经验 (1978 - 2008) [J]. 学术月刊, 2011, 43 (7): 79 - 86.

[185] 张俊, 程励. 常规突发事件与中国入境旅游人数的动态演进及空间效应[J]. 统计与决策, 2019, 35 (4): 101 - 104.

[186] 张凌云, 黎巎, 刘敏. 智慧旅游的基本概念与理论体系[J]. 旅游学刊, 2012, 27 (5): 66 - 73.

[187] 张树民, 钟林生, 王灵恩. 基于旅游系统理论的中国乡村旅游发展模式探讨[J]. 地理研究, 2012, 31 (11): 2094 - 2103.

[188] 张应华. 江西旅游强省建设面临的困境及对策[J]. 九江学院学报 (社会科学版), 2016, 35 (2): 109 - 111.

［189］赵磊，全华．中国国内旅游消费与经济增长关系的实证分析［J］．经济问题，2011（4）：32－38．

［190］郑琦．低碳旅游：低碳城市转型的模式创新［J］．学习与探索，2010（4）：126－129．

［191］周蓓．四川省航空旅游网络空间特征及其结构优化研究［J］．地理与地理信息科学，2008（1）：100－104．

［192］周成，冯学钢，唐睿．区域经济—生态环境—旅游产业耦合协调发展分析与预测——以长江经济带沿线各省市为例［J］．经济地理，2016，36（3）：186－193．

［193］周芳如，吴晋峰，吴潘，等．中国主要入境旅游城市交通通达性对比研究［J］．旅游学刊，2016，31（2）：12－22．

［194］朱虹．论当前江西旅游发展的机遇与对策［J］．九江学院学报（社会科学版），2014，33（3）：1－4．

［195］朱虹．论江西旅游强省发展战略［J］．江西财经大学学报，2014（4）：5－11．

［196］朱吉玉，李剑．基于 GDP 和旅游收入相关分析看旅游经济发展——以安徽省旅游为例［J］．邵阳学院学报（社会科学版），2013，12（6）：63－67．

［197］朱莹莹．浙江省特色小镇建设的现状与对策研究——以嘉兴市为例［J］．嘉兴学院学报，2016，28（2）：49－56．